让经典更加经典
——体育游戏的变化

RANG JINGDIAN GENGJIA JINGDIAN
TIYU YOUXI DE BIANHUA

PE game

王世勋 著

东北师范大学出版社
长春

图书在版编目（CIP）数据

让经典更加经典：体育游戏的变化/王世勋著．—长春：东北师范大学出版社，2022.10
ISBN 978-7-5681-9658-1

Ⅰ.①让… Ⅱ.①王… Ⅲ.①体育游戏—教学研究—中小学 Ⅳ.①G633.962

中国版本图书馆 CIP 数据核字（2022）第 196135 号

□责任编辑：冯咏艳　□封面设计：品诚文化
□责任校对：逯　伟　□责任印制：许　冰

东北师范大学出版社出版发行
长春净月经济开发区金宝街 118 号（邮政编码：130117）
电话：0431—85690289
网址：http：//www.nenup.com
电子函件：sdcbs@mail.jl.cn
东北师范大学音像出版社制版
四川科德彩色数码科技有限公司印装
成都市郫都区成都现代工业港北片区港北二路 551 号
2022 年 10 月第 1 版　2022 年 11 月第 1 次印刷
幅面尺寸：165mm×235mm　印张：15.75　字数：255 千

定价：**68.00** 元

我与游戏

2003年，我参加第一届全国体育教学比赛选手集训。培训我们的是被誉为“中国游戏大王”的吴纪安老师，他用一个个看似简单的游戏，把我带入了一个神奇的世界：玩“叫号跑”时选手可以把人背起来，“俯卧撑”可以变成蜈蚣爬行，“秘密任务”原来是回去吃早餐……参与培训的都是大人，可一玩起来就跟小孩儿一样，乐不可支，尽显天性。那时我才知道原来游戏可以这样玩，于是，一个念头在我脑中暗暗升起：好好学习，让自己的课堂变得充满想象，让自己也变成“游戏大王”！

在培训中，让我印象深刻的是“破冰环节”，吴老师用唱游的方式跟大家互动，还把“喊数抱团”改成这样：所有人在场地中间自由穿梭，见面打招呼、握手、拥抱，边做边对话。喊：“×校长！”众人问：“干什么？”喊：“发奖金！”众人问：“发多少？”喊：“发两万五（男五千、女一万）。”在笑闹声中，大家领到了“奖金”。

吴纪安老师是一盏心灯，一直照着我前行。

从那以后，我养成了三个习惯。

第一个是买书，尤其是游戏书，所到之处，悉数尽收。可以网购之后，我就把网上能搜到的游戏书全买了回来，有些书缺货，就高价买复印版本。关于买书有不少故事，2013年，中山市名师、名校长一起去台湾省学习，我到诚品书店，看到心仪许久的书籍，在欣喜挑选中居然忘了集合的时间，最后团队派人找我。被拍到肩膀时我才如梦方醒，害得大家等了许久。为了不给大家添麻烦，我就在晚上的自由活动时间独自打车去书店。在台北三天，我去了五趟诚品书店，回来的时候买了一个大大的背包，足足五十公斤的书。

第二个是琢磨。吴纪安老师研究了一生，发现三十九种游戏元素。咋会有那么多游戏？他回答得很简单："一变十、十变百，万变不离其宗，新游戏就是元素之间的组合而已。"这些话，我牢牢记在心里，每看到一个游戏，总会想：它由哪些元素组成？它的戏眼在哪里？如何让它更好玩？怎样才能发挥游戏更好的功效？比如"松鼠与大树"这个游戏，两人搭手做大树，一人做松鼠，我把游戏元素变成了"同学、教室、大地震"，当发出"大地震"口令时，所有同学跑到安全的地方抱头蹲下，游戏一下子有了变化：扩大"教室"面积（多人搭建），增多"同学"人数（多人读书），拉大"教室"间的距离（移动加长），改变"读书"方式（教室里的同学做不同的动作），增加故事情节（用演故事的形式进行游戏）。一旦改变，游戏便更具锻炼价值，组合更加丰富多彩，学生的随机选择性更大，趣味性也更强了。

第三个就是敢于尝试。还是拿"同学、教室、大地震"举例吧，在五百名青年参与的联谊活动中，我把它改成"美女帅哥、爱的小屋、成功牵手"，发出"成功牵手"口令时，男女必须跑到指定的地点并双手相握对视十秒。通过"美女帅哥、爱的小屋"几次铺垫，年轻的男女放下了矜持，就水到渠成了。这种举措让游戏更加有戏。

在给岭南师院的学生上课时，我用变化了的"老鹰捉小鸡"贯串始终，两人用"走"开始追逃，接着三人"踩脚"完成"特殊任务"：四人三角抓捕、四对四双龙戏珠、八人定捉、八对八限时捕捉、两队 PK 四角冲锋定捉，循序渐进，环环相扣。在场观课的五百名师生大呼过瘾，课后不少老师求签名时发出感叹：原来游戏可以这样玩，太震撼了！

其实，这些小机智均来自我平时的琢磨和积累。如何赋予游戏生命，让游戏活起来，让游戏说话，让游戏有力量，这些是我经常思考的问题。在这种思考的引导下，我不断改进校运会和课外活动的项目，简化规则，降低标准，让所有的学生都能参与。于是在高中生的校运会上出现了旋风跑、百米定向、车轮滚滚，校内联赛上出现了高一八对八气排球比赛、高二男女混合篮球赛、足球社团赛等特色项目。

每一次项目的变革、改进都是课堂实践的结果。用游戏切入，通过肢体接触、共同完成一项任务来拉近心理距离；通过协作形成默契，形成团队活动；通过分享和复盘增进交流。于是，我频繁地将游戏用于班会、团队活动、教师培训、夏令营及其他活动中。通过不懈的努力，自己也成了别人眼中的“大师”。对于这个称谓，我一笑置之，但对于游戏，仍一如既往地坚持探索。

游戏中有兴趣，有规则，有团队；游戏中有思想，有精神，有生命。当你用游戏的眼光看待这个世界，这个世界会变得五彩缤纷；当你用变化的眼光看待一个游戏，这个游戏也会变得经典神奇。《易传·系辞》有云：“穷则变，变则通，通则久。”本书就是我关于体育游戏变化的一点浅见拙识，旨在抛砖引玉；也是一份作业，希望得到老师批改。

在编写过程中，工作室的王云龙、吴计亮、王欢、陈兴杰、温刘军、李敏、罗永德、高艳香、施南华、李丹、黄溶斌、乐田凯、王明敏、王剑锋、陈盼盼、钟海春、廖冠元、周国勇、邱海强、黄景展等老师给予了我大力支持，他们献计献策，不断尝试，书中部分游戏就是经过大家反复推敲、演练而产生的，在此对他们表示衷心的感谢！

于阳光花地家中

2020 年 02 月 20 日

CONTENTS

目　录

绪　论　化腐朽为神奇

关于体育游戏

蒙台梭利说："游戏是儿童的工作。"高尔基说："游戏是儿童认识世界的途径，他们生活在这个世界里，并负有改造它的使命。"杜威说："游戏是儿童精神态度完整性和统一性的标志，是儿童全部能力、思想以具体化的和令人满意的形式表现的身体运动。"日本心理学家津守真说："在游戏中，得到培养的是对物、对人、对世界、对人生、对自我的根本态度。"鲁迅说："游戏是儿童正当的行为，玩具是儿童的天使。"孔子说："知之者不如好之者，好之者不如乐之者。"

体育游戏亦称活动性游戏，是体育教学内容和方法之一、规则游戏的一种。它将某种体育活动加上情节或规则，或以活动结果作为判断胜负的依据，可提高学生参加锻炼的积极性和兴趣。构成体育游戏的基本要素是身体活动、情节、规则、方法、结果、场地与器具，其中身体活动是体育游戏不可缺少的要素。教师可根据教学要求、学生的年龄特征，对体育游戏进行不同分类，如按有无情节、活动量大小、分队情况，以及按跑、跳、投等基本活动分类。

体育社会学认为，游戏是竞技体育发展的低级阶段。许多竞技项目最初不过是人们在业余时间的简单玩要，它们经过加工整理，产生了简单的规则和裁判方法，从而变成了局部地区的民间游戏。其中有些游戏再经过社会组织认定，明文确定规则，规范场地器材与组织形式，就逐渐转化为正式体育项目。从玩要、游戏，再发展到竞技体育，这一过程展现了如下规律：自发性、休息性、娱乐性逐渐减少；对体力、事前准备、战术训练的要求逐步提高，因此更加依赖有组织的教育和社会化过程；规则性、组织性、职责分工明确加强，管理趋向严格；参与动机复杂化，利益动机多元化。可以说竞技体育是游戏的典型化发展。

体育和游戏是儿童的权利，有规律地进行体育锻炼和游戏对儿童早期直至青春期身体、精神、心理的发展，以及对社会的发展都是非常重要的。体育游戏是学生的“良师”，是体育教师的“益友”。

学生为什么喜欢

学生为什么喜欢体育游戏？因为在游戏中充满了不确定性，人也能表现出最真的一面，这种美妙的体验让大家心驰神往。不仅如此，它还有以下优点。

放松身心。在游戏中，学生不用拘泥于现实生活中的繁文缛节，也不需要注重仪表，即使汗流浃背、浑身尘土也可不以为意。身心通过游戏能得到放松。

释放负能。在游戏中，学生可以大喊大叫，让身体的每一块肌肉、每一个关节都活动起来，可以把埋藏在内心的不良情绪、负面能量发泄出来。游戏后心情平静愉快，身体舒适。

增强自信。一个漂亮的配合、掌握一种技能、赢得一次比赛、得到一次鼓励、赢得同学的喝彩掌声、认识上有了提升等都会让学生从内心深处获得极大的满足感和成就感，从而增强自信心。

增进感情。很多游戏不是靠一个人就能完成的，需要同学间相互配合、相互协调、相互保护与帮助。在游戏中，大家共进退、共荣辱，必定会更加团结、更加和谐，感情也更加深厚。

提升认知。在游戏中需要交流和沟通，每个人的理解角度、选择决断、处理方式都不尽相同，从同学身上学习不屈不挠、永不言败、永不退缩的体育精神和处理事情的方法，是提升自己认知的过程。

现实的尴尬

喊数抱团一喊到底，贴烧饼烧煳了，老鹰捉小鸡小鸡永远长不大，长江黄河永远迈不过去，捉迷藏总是蒙上眼，水果蹲只能蹲……这些游戏在现在的体育课中仍在玩，这证明了它们是经典的，但是，不少教师在运用时不懂变化，易使学生厌烦，提不起兴趣。有时教师满心欢喜，学生却表现得敷衍、漠然、懈怠。简单地说，老游戏没新意，游戏没“戏”，原因在于教师的一些教学手段陈旧：

观念滞后，认识肤浅。将体育游戏简单地看成学生玩闹，只是一味地让学生在体育课上玩，忽视体育游戏的教育功能和内在的学习作用。

不善学习，无从改变。很多教师思维模式比较固定，认为游戏的名字、内容、规则成为习惯、成为自然、成为权威便不能被改变。

手段单一，不懂不换。再好的游戏反复玩耍也会使学生感到枯燥、乏味，使课堂气氛显得呆板、沉闷。学生每天都在进步、成长，教师如果故步自封，就跟不上学情的变化，满足不了学生的需求。

一招在手，包打天下。体育游戏的运用缺少针对性，缺乏目的性，和教学内容毫无联系。游戏用得太多，用得糊涂，用得太俗。

人是有惰性的，如果不持续学习，不接受创新，大脑就会进入“单调模式”，人所做的一切就会变成无意识的机械行为。这种行为消耗的能量少，使大脑进入一种安逸状态，而安逸状态非常不利于生物适应多变的环境。

变化才有出路，变化才有生命力。

拿经典说事

有些体育游戏能够被称为经典，说明它们知名度高，流传面广，使用率高。比如老鹰捉小鸡、捉迷藏、叫号跑、贴人、喊数抱团、长江黄河、躲避球、钻山洞、闯关、水果蹲、游戏舞、兔子舞、石头剪刀布、九宫格、拍手等，这些游戏老师和学生都会玩，有的甚至被玩烂了。可真的被玩烂了吗？不尽然，本书做了一些尝试，把这些经典游戏进行拆解，把各种元素进行重新组合、换位，让这些老树发出新芽，焕发新生。

变化的内容

任何游戏都离不开人、事、时、地、物五大元素，只要将五大元素的任一元素变动，就会使游戏变成另外一个新游戏。其实，人人可以创编出新、奇、趣的游戏。根据五大元素，派生出如下的游戏元素。

【人】

年龄、性别、男女比例、体能高低、起始水平、学习特点、身体状况、兴趣爱好、角色等。

【场地】

校内、校外、室内、室外；塑胶、草坪、土地、沙地、水泥地；有线、无线、自画线、器材围成；圆形、正方形、长方形、不规则形；等等。

【器材】

篮球、足球、排球、羽毛球、乒乓球、网球、橄榄球、躲避球、手球、各种实心球、各种充气球；各种垫、棒、棍、带、绳、布、线、栏架、圈、标志碟（盘、桶）；纸盒、泡沫板、小木块、废旧横幅、气球、报纸；等等。

【时间】

时间长短、定时、频率、准备时间、分享时间、休息时间、比赛时间等。

【队形】

纵队、横队、散点、圆形、同心圆、心形、八字、三角形、多边形等。

【项目】

足球、篮球、排球、羽毛球、乒乓球、田径、体操、游泳、武术、躲避球等。

【动作】

走、跑、跳、投、掷、甩、挥击、垫、传、踢、颠、爬、腾跃、滚动、躲闪、平衡、搬运等。

【分组】

同质分组、异质分组、友伴分组、随机分组、指数分组、技能分组、健康水平分组等。

【难度】

加长时间，缩短时间，增加组数、次数，增加高度，增加人数，增加器材，等等。

【规定】

为了让游戏能够有序、可持续地进行，可以特别规定一些条件，如对优势一方做一些特殊的限制，让游戏变得更加公平、有趣、好玩。

【任务】

单独完成，两人配合，多人合作；体能训练，智力挑战；用时最短，数量最多，出错最少；完成的速度、高度、远度、准确度、合作程度、进步幅度、努力态度；等等。

【信号】

口令、哨音、歌声、音乐、数字、字词、颜色、手势、图示、画面、掌声、肢体动作等。

【赛制】

计数、计时、计人、计分；1对1、2对2、3对3、4对4、5对5；两队PK、三队PK、多队PK；等等。

【节奏】

速度快慢、历时长短、静止时长、动作快慢、重复次数、参与人数等。

【音乐】

气氛烘托，旋律优美，节奏明快，歌词励志；伴唱，跟唱，大合唱；等等。

【游戏形式】

散点、面对面、背靠背、牵手、前后搭肩、左右搭肩、围圈、限定区域等。

【技能】

舞姿、泳姿、扣杀、投篮、射门、传球、运球、接球、挥击等。

【情景】

人物假设、器物假设、动作假设、信号假设、符号假设、语言假设、音乐设计等。

【名称】

游戏内容、游戏形式、内容加形式、游戏规则、游戏精神、运动项目等。

【位移】

方向、距离、方式（走、跑、跳、持物、拖拉等）。

【标准】

速度、远度、高度、长度、宽度、厚度、深度、重量、准确度、个数、次数、分值等。

【规则】

赛制、胜负、换人、边界、攻防、复活、奖惩、加分、指挥、器材等。

当然，游戏还可以派生出更多元素，不同的视角、不同的想法、不同的目的、不同的认知，都会有不同的分类。

如何变化

变化意味着创新、创造，可以分成“无中生有”和“有中生新”两种。无中生有很难，但有中生新有规律可循。

“和田十二法”是我国学者许立言、张福奎在奥斯本核检表法的基础上，借用其基本原理，对其加以创造而提出的一种思维技法。这种方法首先在上海市闸北区和田路小学进行实践运用，故称和田十二法。

【加一加】

在游戏中添加些元素，让游戏更具挑战性，更有趣味，更加有戏，如加项目，加动作，加器材，加音乐，加运动量，加组数，等等。例如：

腰旗橄榄球。橄榄球的冲撞性很强，对训练时间较短的普通中小学生来讲受伤的概率较高，学生会产生恐惧心理。在腰间用魔术贴粘上两条飘带，防守时扯掉进攻队员的飘带就算防守成功，这样就能有效地解决这个问题了。

多人乒乓球。乒乓球在传统观念里只能1对1或2对2，其实如果增加人数，排好接球顺序，定好规则，就会更加有趣，还能体现团队精神，提高学生敏捷度。

加音乐。枯燥、单调的技术技能动作练习会让学生心里烦躁、精神疲劳，如果给练习加上音乐，使学生跟着音乐的节奏练习动作，那么练习的氛围和学生的精神头就会马上不一样。

气排球。这项体育游戏具有网球的规则、排球的打法、羽毛球的场地，球可以落地一次，1对1或2对2均可。这种游戏对初学者来说参与度高，成就感强。这种游戏的本质是把不同项目的内容和器材融合于一体，形成新的适合于教学的活动项目。与气排球类似的还有太极毽球、韵律舞蹈剑、搏击哑铃操等项目。

排网球。这种游戏是排球和网球的组合，每队3人，用低网或雪糕筒组成线，球可以反弹一次，再打过网，也可以不用反弹直接过网。每队最多可以击球3次，发球、传球、扣球等排球和网球的规则都可以使用。

篮球橄榄球。在篮球场两端各画一个直径为一米的圆圈作为球门，两队在中圈跳球开始比赛。队员获球后可以用传球、运球、抱球跑（步数和次数均不限）等方式躲闪对方的阻拦，向球门推进，持球者连人带球有一只脚踏入球门线即得分。对初学篮球的学生来讲，虽然比赛是非常令人兴奋的，但他们不具备打比赛的条件，此时可以把橄榄球的规则和篮球规则进行整合，这样既有篮球和橄榄球的特点，又能让学生体验到比赛的快乐。

【减一减】

减人数，减时间，减次数，减程序，减环节，降一点，省一点，在原来的游戏项目基础上减去些什么，就可以让游戏更具生命力。例如：

让我玩篮球。减去运球环节，去掉球架，用人做篮筐，只能传球、投篮（传给做球筐的同学），鼓励学生积极、合理奔跑，快速传球。这样的游戏既保持了篮球配合的特点，又保持了趣味性，让零基础的孩子也能享受篮球比赛的乐趣。

扣排球赛。低网（网球网高度）3对3PK，3人均需轮流扣球，只允许用扣球动作，只有第三个扣球者需将球扣到对方阵地，其他二人每次扣球都需要往自己阵地扣击反弹。初次体验时，学生或许会有些不适应，但若持续练习，他们的反应必定能更快。

乐乐足球。小学开展校园足球应以游戏为主，竞技为辅，注重简化、易学、安全性、趣味性、方便性，可以将球场、球门、比赛用球、装备及规则适时做出简化、降标、减少等调整。在篮球场上或者合适的场地上，用2×1米的门、3号软式足球或者排球、躲避球（硬度低、重量轻）进行比赛。比赛时每队上场球员5名（女生至少2人），无守门员。如此可以做到以赛代练、以赛促学，引导校园足球活动开展并进入深层阶段。

【扩一扩】

在一些体育游戏中，把某些因素放大扩展会怎么样？加长一些、增强一些，能不能提高速度、效率？

在贴人游戏中，为了增加练习密度，可以把追逃人数扩为两组、三组，把围的圆圈扩大；在捕鱼游戏中，可以把场地扩大到整个足球场，增加学生的跑动距离和追逃难度；在踢球时，为了增加趣味性和学生的积极性，可以把足球扩大成瑜伽球；为了提升学生投篮的成就感，可以用呼啦圈当篮筐；用乒乓球拍打小皮球；写字画画、鼓掌拍手的幅度、力度扩大一点，提高运动量；把九宫格格子扩大，或者用标志桶摆成间距很大的九宫格，这样学生在完成任务时就需要付出更大的努力；在躲避球游戏中，扩大球、扩大场地可以增加投者的难度。此外，闯关游戏中障碍增多，喊数抱团游戏中，延迟发信号，扩大捉迷藏场地，加长长江黄河的追逃距离，这些都会让学生的运动量增大，练习效果更好。

【缩一缩】

把游戏中的元素压缩，比如缩面积，缩大小，缩长度，缩距离，会怎么样？

街头篮球缩小了篮板，压缩了时间，减少了人数，但比赛更加激烈；五人制足球缩小了场地，减少了人数，大大降低了参加足球比赛的门槛；老鹰捉小鸡，由原来8—10人一组缩成3—5人一组，不仅增加了趣味性，还能提高运动密度和运动量；马拉松比赛不适合在学校开展，但缩一缩距离，变成4.2公里的迷你马拉松，小学生都可以参与；一场运动会就算项目多、参加人数多、场地大、器材多，但仍然不能保证每一个学生都能参与其中，若把运动会规模缩一缩，变成迷你运动会，那么每节体育课就都是运动会了。

【变一变】

指改变游戏道具的形状、颜色，或游戏者的角色、姿态、动作、次序、功能等。

功能变化。两队将拔河绳拉直，同学们依次从中间爬过。拉绳同学必须齐心协力把绳拉紧，要注意两边均衡用力。这样既可以培养同学间的合作精神，又增强了同学间的信任感，还利于竞争意识和团队精神的培养。

角色变化。老鹰捉小鸡，被捉到的小鸡变老鹰，增加鸡队的难度；网鱼，小鱼被捕则变成渔网；捉迷藏，逃者被捉即变追者；等等。角色变化让游戏更有“戏”。

信号变化。包括音乐控制、唱歌、喊数字、讲故事、数学运算、身体接触、发令、手势、图片、颜色等的变化。

贴人。贴人游戏中，单圈单人前（或后或侧）贴、单圈双人前（或后或侧）贴、双圈双人前（或后或侧）贴、反追捕法等变化，可以使学生的练习密度与跑动距离都发生改变。学生需要运用智慧和战术快速做出启动、变速、变向、急停等动作。

【改一改】

指改一改原来的场地、器材及规则，使之更符合教学实际。把足球场地改成有 3 扇门的三角形场地或圆形场地，把只有一个篮筐、一个方向的篮板，制成多个篮筐、多个方向的复合篮板。相应地修改一些项目规则，使这些项目更加适合学生的学和教师的教。例如：高尔夫球本是一项贵族运动，在校园内开展比较困难，但我们可以用纸球代替高尔夫球，再自制球杆，从而形成可教学的校园高尔夫。

飞盘高尔夫。玩法是：用呼啦圈布置在场地各处当作洞穴，将软式泡沫飞盘掷向呼啦圈。还可以增加其他规则，例如，如果学生在 3 轮或更少的尝试中未将飞盘掷入目标，就让他们在原地跳舞 10 秒钟。

升级。1 对 1PK，猜拳定掷与追，由掷方朝任何方向掷出飞盘，当飞盘落停后，即成为追方追逐的目标。追方以自己的飞盘打中目标盘，即完成一次追逐。接着攻守互换，以击中目标飞盘的落停点为起掷点，再开始另一次追逐。如此一次追一次掷称为“一局”，追方每投掷一次称为“一盘”。一场比赛设 5 局，5 局后结算各人投掷的盘数，以累计盘数较少的一方获胜。这是一种活动式的飞盘高尔夫比赛，起盘时必须观察周围地形，让对方难以追到。而追方敲盘时还须考虑飞盘的落停点，要容易起盘。这是一种智慧型游戏，不动脑筋是玩不来的。

中置足球。足球门设在场地中间，外围场地可大可小，可圆可方。使用一条中线把场地分开，将一扇球门设置在这条中线上，守门员背靠背地进行守卫。中置足球更适合中小学生的体育活动量，人数可以依据实际情况进行增减。

【联一联】

某个事物的结果跟起因有什么联系？我们能从中找到解决问题的方法吗？把某些事物联系起来，能帮助我们达到目的吗？不同学科可以通过共同的主题、议题、问题、过程、课题或经验进行关联。

投掷纸飞机、掷羽毛球、向前拍击气球、向前甩纸炮，这些游戏都可以含有鞭打动作，对羽毛球击高远球、排球扣球、投掷垒球等项目和动作的学习来说，都是非常好的练习手段。贴烧饼游戏中的躲闪逃避和篮球、足球运动中的无球跑动、急停、急起、急闪、急跑动作也一样，稍加引导就是项目的练习手段。走路练节奏，可以使学生快速掌握跳高、三步舞、三步上篮、三级跳动作的步法。

【学一学】

模仿其他游戏的动作、情形或技术、原理、结构，将游戏推陈出新。

夺旗。该游戏非常有趣，两队各有领地和一面旗帜，夺取对方的旗帜视为赢得比赛。从防守的角度来说，各队必须牢牢守住旗帜，不让它被对方抢夺。为了增加趣味性，可以尝试秘密地在每个团队中安排一名间谍，间谍伺机偷走旗帜，可以让比赛瞬间结束。

篮球超市。将学生分为5组，每人1个篮球，共建5个超市。每个超市均有不同的任务单，任务包括：蹲地运球20次，前后左右拉球各10次，手持篮球做俯卧撑，5次精准传球，3次上篮，跳起向上投篮10次，等等。

跑垒贪食蛇。两队攻守，攻方一人丢球后全队一起跑垒，只要有一人经过本垒即得1分；守方在攻方丢球后捡球，并将全队排成一列进行胯下传球，球传到最后一人时攻方就停止跑垒；每局3个人丢球。

【代一代】

代一代就是用一种新元素代替游戏中的旧元素。这样东西能代替那样东西吗？如果用别的材料、方法行不行？换个要素、布局、顺序行不行？

气排球。用气排球或软排球代替硬排球，这样更容易让学生接受，因为一般学生初学时，若球重、球硬，便会使学生产生畏惧心理。气排球不必被正确的手形、严格的动作所限，学生只要碰到球就有可能将球垫起来，会增加成就感，还有可能喜爱上排球。

攻防箭。这是美国人 Jack Johnson 发明的一种射箭运动，选手用特别设计的弓箭在半个篮球场大小的地方进行（根据人数可以变换场地大小）比赛，运动员分为两队，每队 3—10 人，以弓箭为主要装备，互相用箭射击淘汰对手。因为弓箭为海绵箭头，所以选手被射中也不会受到任何伤害，此游戏适合 8 岁以上人士参与，室内室外皆可进行。

扫把曲棍球。用扫把当曲棍球杆，用瓶盖做曲棍球，用小足球门做门。在篮球场内，两队 PK，每队 5—8 人，中间开球。守门员可以采用任何姿势和动作拦截球。三局两胜，每局 3 分钟，每局进球多者胜，每场胜局多者胜。

【搬一搬】

把其他行业、项目的做法搬过来，或者将现有的、成熟的游戏规则搬到其他地方去。

跑垒传球。就是把棒垒球的规则搬过来，只不过是用传球的方式触杀。参赛选手分成两组，一组进攻，一组防守，进攻方轮流按照本垒——一垒—二垒—三垒—本垒的顺序跑垒，防守方长传球进行触杀，攻守轮换，得分多者胜。这个游戏可以练习选手的快速长传接球技术和奔跑能力。

九宫格。本来是在纸上玩的游戏，但把它搬到运动场地上就可以产生千变万化的效果，更加精彩。可以用笔画，用绳圈，用桶、盆、圈等组成各种各样的九宫格，还可以用各类走跑跳的移动方式进行攻守。

【反一反】

反一反就是把一个东西的反正、上下、左右、前后、横竖、里外颠倒一下，通过反向思维获得创意灵感。

反贴。贴人游戏中，当逃者贴人后，原来的追者马上变为新的逃者，原来的逃者变成新的追者。

反口令。游戏者执行的都是口令的反向动作，立正＝稍息、稍息＝立正、向右转＝向左转、向后转＝不动。如：学生排成一排，听老师的口令，做相反的动作，目标是到达身后 20 米的地方。如果犯规，就必须回到起点重新再来。

向后足球。两队 PK，所有足球规则都适用，但运动员必须向后运动，可以手脚并用，但守门员只能用脚守门。

抢球游戏与躲避球。篮球、足球等项目中有 2 传 1 抢、3 传 2 抢、5 传 3 抢或 N 传 N 抢，如果反一反就变成了躲避球，N 传 N 躲。

鹊桥相会。将长江黄河游戏的规则反一反，两队人员分别站在安全线处，听到信号往中间跑，见面做各种各样的动作，比如握手、拍手、拥抱、俯卧撑、平板支撑等。

极限飞盘。每队在场上有 7 名队员，比赛开始时，队员都站在得分线后，一队防守，一队进攻。玩法类似于橄榄球，但由于橄榄球的身体接触较多，裁判判罚困难，极限飞盘的规则反其道而行之——禁止身体接触，若有争议则互相讨论解决。

【定一定】

为了促进某一技能的提升，提高学习效率，在游戏过程中，教师可以做一些特殊的规定。

三人篮球赛中，为了提高传球成功率和中投的命中率，可以规定比赛双方不能在三秒区内投篮。

三鸡成墙。在老鹰捉小鸡游戏中，3 个小鸡排成一排变成墙即可阻挡老鹰，这可以给游戏增添难度。

手足球游戏中，只准用手拨球射门。

排球投篮。两队 PK，在篮球场三分线外，每个队员发 10 球，目标是将排球投入篮筐。球击中篮板得 1 分，球击中篮筐得 2 分，球落在篮筐中得 3 分，最终得分多者胜。

教师要大胆假设，开放性思考，不要预设立场。要想得奇，想得妙，想得怪，想得透，想得美，要能百无禁忌。

还要小心求证，依据人、事、时、地、物五大元素逐项筛选，牢记活动安全和游戏目的，进行过滤检视，认真考量，做到周到可行。

变化有意义

变化可以赋予游戏新的内涵，传递新的信息，让游戏变得更加深刻，更具教益，更有价值；让受众从变化中得到新的体验，提升新的认知，受到新的启发；让我们活化大脑，产生创新的冲动与实践。

【前】

在游戏开始前，做相关的准备工作。游戏之前的热身、热场、铺垫、分组，这些准备工作对游戏效果有着非常重要的意义。

在老鹰捉小鸡开始之前播放音乐，大家跟着音乐的节奏跳舞，音乐一停，马上开始游戏。叫号跑开始前，先进行徒手投篮（篮球）、垫球（排球）、左推右攻（乒乓球）、后场及高远球（羽毛球）等技术动作练习，然后突然叫号。

喊数抱团。在喊数之前，可以慢跑，围圈搭肩走，跳兔子舞，自由穿梭，找朋友……在进行中突然喊数。

布置场地。两队用标志碟从起点到九宫格进行铺路比赛，选定一种动作（立定跳、跨大步或单脚跳等）作为放碟动作，第一个在起点做动作，第二个跑到第一个碟处做动作，先到九宫格的队伍获胜。等铺好路之后再进行九宫格游戏。

提示：针对游戏目标、规则、在游戏过程中可能会出现的问题，教师应做重要提醒，让学生明确目标、线路、要求。

示范：活动开始之前，大家需要了解规则，教师应让学生看视频，同时自己示范或找人示范，若学生有疑问，则要解答、提醒。

【后】

游戏结束以后的分享、复盘、总结非常重要，教师要引导学生回忆游戏过程，并从中获取思考。

喊数抱团。抱成团之后可以进行开花、集体喊口号、团队行动等活动。

贴人。贴人成功后，做成功的造型，高喊“我最棒”或给继续奔跑者加油。

喊口号。跳完兔子舞，集体做造型并喊团队口号。

培养正念。正念在体育教学中起着重要作用，可以对学生的学业、情绪和自信心产生积极影响。游戏结束后可以让学生平复情绪，做最简单的正念活动——缓慢地深呼吸。

【进】

在游戏原有的基础上，根据和田十二法，看看能否加、减、扩、缩、变、改、联、学、代、搬、反、定，让游戏变得更进一步，更高一级，更好玩，更刺激。

长江黄河游戏的原始版本只是听信号快速追逃，在此基础上可以把老师统一指挥发信号，改成两个人面对面猜拳，输跑赢追；在两个人中间放一个泡沫软棒，赢者可以拿软棒击打输者的头；两个人中间放一个软球，输跑赢追，输者跑至安全线没被追上，则反追赢者，追者可拿软球掷击逃者。

在抢标志盘游戏中，待学生熟悉规则和玩法之后，教师在两人中间放3个不同颜色的盘子，喊哪个颜色学生就抢哪个颜色的盘子。做几次之后再进阶，老师喊两个颜色，学生抢没喊到的颜色；继续进阶到放4个不同颜色的盘子，一次抢两个颜色；最后进阶到两人面前放两种颜色盘子，盘子中间放一软棒，抢到软棒的可以敲打没抢到的。起始动作由面对面半蹲、静止站立进阶到小碎步、高抬腿，再进阶到马步深蹲、背对背、俯卧撑。

老鹰捉小鸡是一款经典游戏，如何让老树发新芽？最简单的做法是先弄清游戏的结构。角色：老鹰的任务是捉小鸡，母鸡的任务是保护小鸡，小鸡的任务是团结一心，步调一致防止被捉。组织：小鸡排成一队跟在母鸡后面。移动方式：急停，急起，左右不停地折返跑。捉的动作：用手轻拍。输赢方式：被拍到的小鸡被罚下，等所有小鸡被捉，游戏结束。综合学生的年龄阶段和运动能力，只要将其中的环节或元素稍稍变化，游戏就能化腐朽为神奇。比如：在4个方向安排4只老鹰，每只老鹰限时15秒依次不停地奔袭过来捉小鸡；母鸡、小鸡围圈，4只老鹰依次不停捉各自对应的小鸡；为了给老鹰增加难度，母鸡拿两个羽毛球拍当翅膀；多只老鹰传球，以球触的形式捉小鸡。这样改变游戏形式不仅不会让学生感到厌烦，还可以给学生一种强烈的信号——我也要学会改变。

【技】

技，指技能，是学生学习的能力与技术。将游戏与运动项目结合，与技能学习结合，既可以丰富游戏的内涵，又能赋予游戏新的生命力，让学生的学习更加高效。

控球贴人，就是利用贴人游戏练习运球技术，12人一组站成圆形，每人一球，一对出来追逃，其他人原地运球，同时注意观察追者与逃者的情况，待大家熟悉玩法之后，可以加一组追逃。此时场面变换更快，学生不仅要护好球、运好球，还要学会解读场上变化，及时做出反应，这正是篮球比赛场上所需要的能力。

水果蹲是简单的集体蹲起游戏，改变动作再改称谓就变成了：我这样投（篮球），我这样射（足球），我这样踢（足球），我这样跳（舞蹈），我这样投（踢、射、跳）完到你投。这是水果蹲游戏与技能学习的完美结合，使学生兴趣增加，无论是徒手还是带器材进行游戏，效果都不错。

在长江黄河游戏中加入篮球、足球、排球、乒乓球、羽毛球等也是非常好的；传球老鹰捉小鸡，是多个老鹰相互传球，用球触捉小鸡；九宫格游戏更是绝佳的技能学习载体，无论是到达九宫格还是在九宫格里，也无论是传、运、投、射、跑、跳，都能完美展现方寸之间的神奇。

【融】

融，就是融合其他学科，跨学科学习。游戏者的移动轨迹、沟通与配合、音乐烘托、场地布置、各种发力、器材的色彩、器材摆放位置和距离、飞行的线路、时间节点、动作规格、游戏规则等，都与语文、数学、物理、化学、生物、音乐、美术等学科息息相关。学科融合的优点是能提供新的方式用以呈现观念与技能，鼓励批判性思考，建立合作的学习方式，增强学生学习动机，展现从一个学习情境到另一个学习情境的迁移。

成语接龙（语文）。篮球双手传接球练习，学生每传一次，就要说一个成语，还可以说同义词、口诀、歌谣等。

大风吹（数学集合）。大风吹（师）？吹到谁（生）？吹到戴眼镜的、穿白色鞋的、头发短的、三月份出生的、姓张的，被吹到的学生马上行动，换位、抱团或去完成其他任务。

穿裆射门（数学百分数）。3 人一组玩射门游戏，一人站中间，两腿分开，并负责用学习卡记录另外两人的射进次数。每当有人射进，他都要大声鼓励，然后跳转身体面对另一个同伴。每当球没有射进，射门者与中间人交换位置，游戏继续进行。射门距离根据学生水平由近而远，变化 3 次。最后计算每人的射门次数、射门成功率。

彩虹跑（美术、数学、生物）。在一定范围内设置不同的点（放置颜色不同的雪糕筒），每个学生拿的单子上的颜色顺序不同，要按照颜色顺序进行打卡，计算自己每完成一次跑动的距离，测量心率，并提出问题：停止运动后 30 秒，我的脉搏会产生什么变化？为什么跑的时候呼吸会加深？为什么呼吸会变快？每次跑的距离是一样的吗？

找朋友（物理磁场）。首先确定自己是南极还是北极，使用同一信号或密码以确认磁性。所有学生必须以不同的形式移动，诸如踮脚跳、跑跳步、侧跳步、后退跑、爬行等。当接近其他人时，如果磁性不同，就继续找朋友；如果磁性相同，则迅速离开。全班全部连接时，游戏结束。

融是将两个以上的学科知识相结合，加强每一学科领域的学习，增加新的意义和观点，丰富学生的学习经验，并给学生提供学习机会和学习方法。

【深】

在原有游戏的基础上更深一步，将学习引向深入，可以是学科的融合、问题的思考、灵感的激发、视野的开拓、和谐关系的促进，也可以是团队凝聚力的提升。

捉迷藏游戏中，将追者命名为“糖”，逃者为小朋友，小朋友被捉到变“脂肪”，拯救脂肪者叫“蔬菜”。“脂肪”只能停在原地做运动，做一定数量的俯卧撑、立卧撑、蹲起、两头起等。或者等“蔬菜”来施救，“脂肪”才能重新加入游戏。这个游戏将原来简单的追逃变成了“身体健康远离糖，多吃蔬菜多运动”的健康教育。

在喊数抱团游戏中，教师可以利用校园环境，通过游戏培养学生的观察能力，以及热爱大自然、关爱他人、关注周围环境的意识。

教师应告诉学生，胜利固然重要，但失败也不可怕，成功和失败都是在未来必将面对的问题；教会学生如何以优雅和自信赢得胜利，如何以同样的优雅和自信面对失败，并从中学习，反思自省，总结经验，重新再来。教师还应教育学生不受结果的驱动，掌握应对成功和失败所需的技能，让自己成长。

化腐朽为神奇

变化就是事物在形态或本质上产生新的状况。《易·乾》说：“乾道变化，各正性命。”贾谊在《鹏鸟赋》中说：“万物变化兮，固无休息。”《易传·系辞》中写道：“穷则变，变则通，通则久。”变化是常态，永远不变的是变化。变化的目的就是引爆学生的内驱力，遵循学生心理发展规律，让每个不同能力的学生感到自己受到重视和鼓励。玩是人的天性，兴趣是最好的老师，游戏是学生最感兴趣的活动。我们可以从游戏变化入手，结合音乐、场地布置、器材，让学生爱上运动；运用竞赛、展示、任务驱动等方法，通过综合性体育游戏的改编、拓展、创新，让每个学生都能够享受运动的魅力，并提升运动能力和体质体能。

如何挖掘、激发、点燃孩子的兴趣呢？以下 12 字是本书的一些经验。

【智】

教师设置、提出的问题要有智慧，要让学生感觉到有挑战，但也要按照学生的认知水平和达成度来设置。任务要使学生经过思考才能够完成，让学生享受过程，得到鼓励，有成就感和愉悦感。

【成】

成就感、获得感是保持兴趣的关键。让学生有成就感是教师的重要工作。教师应让学生体验经过努力而获得胜利的成就感，让学生能够深刻认识到：汗水换来成果。但同样重要的是，教会学生正确面对失败，认识自身的不足。失败与成功同样重要。

【多】

学生注意力集中的时间有限，因此，所有的游戏内容要多种形式、多个角度、多个维度、多个层面、多个场景地呈现，拒绝单调、乏味、一成不变，让学生能够开阔视野，提升认知，享受多元的滋养，有创新的冲动。

【标】

目标引领，任务驱动。给学生树立目标，因为有目标、有任务的时候，学生学习才有动力，学生学习效果才最好。但目标不宜过高、过大，任务不宜过多、过重。若目标过大，则要将其切割成小目标，使学生跳一跳就能摸得着，这样会增加他们的成就感。

【重】

每个人都渴望站在舞台中央，都希望被关注。教师应让学生有被重视的感觉，让他们认为自己在胜利的过程中发挥了作用，他们便会全力以赴，勇往直前。重要的事情认真做，教师还应让学生感觉到所学所练的内容很重要，对今后的发展非常有益，这样他们才会聚精会神，心无旁骛。

【赛】

竞争是人的天性，只要有竞争、有比赛，学生就会有兴趣，比赛是非常受学生欢迎的游戏方式。但一定要注意，不能让一部分人总是失败，体验不到成功，因此在分组的时候教师要注意按实力均衡分配。

【师】

学生当老师的时候，学习效果最好。让学生做小老师，在教别人的时候他们就会有被重视、受关注的感觉。这时候是学生最有兴趣的，他们会主动积极地探究，把一件事搞通搞透。因此，让学生当老师是非常好的学习方法。

【赞】

正确地赞美激励能让学生充满斗志，充满信心，充满希望。赞美当下的努力，鼓励具体的细节，表扬做事的态度，激励前进的方向，会让学生明白什么事当做，什么事应多做。

表扬和赞美很考验教师的智慧。

【评】

评论、评价、反应、回应、反馈等都属于评价的内容。评价要及时，过程中和结束后是两个重要的评价阶段。让学生有信息、有方向是评价中非常重要的一点。评价可以是一句话、一个动作、一个眼神。教师要对游戏过程做出全面评价，让学生获得经验教训。

【分】

进步看得见，每一步都会有记录，每一分都是向成功迈进的一步。教师评分时应采用进阶制，定好标准，通过积分划分级别，让学生看到努力后的回报。

【友】

学生和朋友在一起的时候，学习会更有动力。友伴分组，相互鼓励，相互支持，共同进步。教师可以让学生构建学习共同体，使每个人都能找到自我，都有角色，使他们的努力和价值都能得到体现。

【爽】

身心俱佳的时候，学习效果才能最好。教师要会调动学生情绪，要根据学生的不同类型、层次、兴趣点，给学生多元的滋养，让每个学生都有进步，都能成长。

第一章　斗智斗勇斗体能

捉迷藏

游戏简介

捉迷藏是一款经典的儿童游戏，别称躲猫猫、兵捉贼、水鬼上岸（大白鲨），粤语又叫捉伊人、伏匿匿等，在北方亦称摸瞎子，即寻找躲藏者的游戏。不同的地方有不同的玩法，但都离不开“找”和“躲”。

基本玩法

本书把捉迷藏归纳为 3 种玩法，重点对第三种玩法进行了拓展。

1. 盲摸。在一定范围内，一人蒙着眼睛，其他人散在周围，蒙眼人用手捉人。

2. 寻找。在一定范围内，选一人寻找，其他人藏起来。

3. 追逃。在一定范围内，选一人追，其他人逃。

游戏价值

捉迷藏玩法简单，内容丰富多样，是深受孩子们喜欢的传统游戏。它不仅能满足学生探寻世界的渴望，还能使其在游戏过程中，充分地运用跑、匿藏、追踪、观察、抓捕等元素，不断地提高自己的思维能力、感知能力、注意力、团队协作能力、奔跑能力等。此游戏策略性较强，规则简单易懂，对培养和提高学生身体素质和各种其他能力具有良好的训练效果。

游戏变化

一、规则

1. 捉单

一人做追者，两人一组手拉手在场地内自由跑跳，追者一旦喊“交换”，拉手者就必须松开找其他人拉手，追者趁机追落单的人。捉到之后角色互换。可加对话，可换口令。

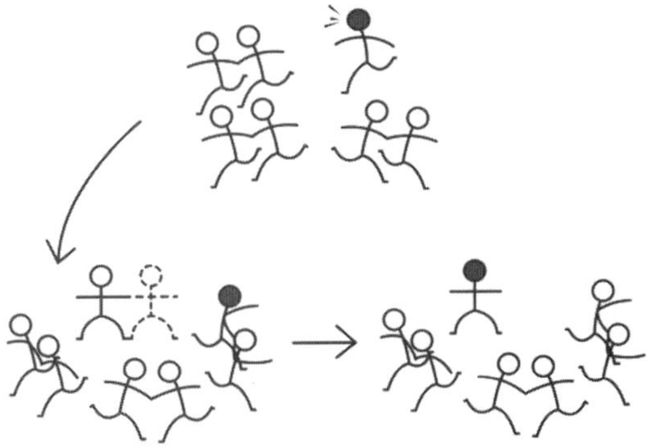

图 1-1

2. 复活

逃者被捉后能通过做 1 分钟的平板支撑，做 30 个俯卧撑或 20 个蹲起，而马上复活继续游戏。

3. 双活

追者在直径 6—8 米的圆圈内捉人，同时有两人从圆圈中穿越。两个人都成功穿越才算成功，如果一人被捉，则两人都要受罚。

4. 影子

两个人自由组合，在规定的范围内，一人做逃者奔跑躲闪，另一人做追者去踩逃者头部的影子，踩中后交换身份。游戏者必须在规定区域中开展活动，追者踩影子时，只能踩逃者头部的影子，且不允许用手去拉逃者。

图 1 - 2

5. 边界

在固定的范围内，猫（追者）抓捕场地内的鼠（逃者），捉到则胜利，鼠在不跑出场地范围的前提下躲避。

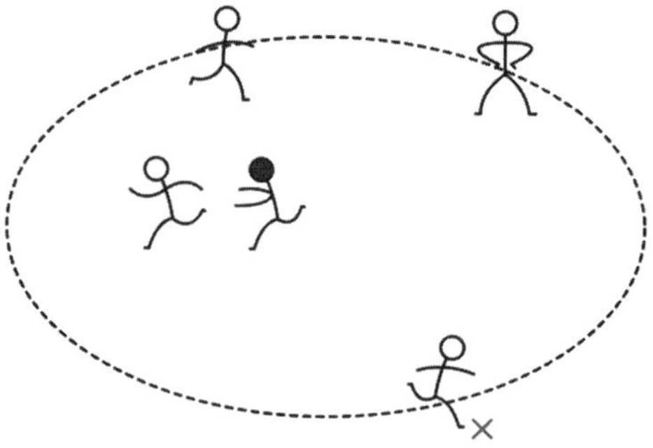

图 1 - 3

6. 死追

鼠手挽手围成大圈，猫只能在圈内抓鼠，鼠在圈内外穿梭逃避抓捕，猫必须抓到鼠才可交换角色继续游戏。

图 1 - 4

7. 换人

两只老鼠一组面对面手拉手，组成一个家（鼠洞），家与家围成大圆。逃鼠在圆内外自由跑动，通过钻洞或与其中一只老鼠换位躲避抓捕，被换走者成为新的逃鼠，鼠被猫捉住则淘汰出局。

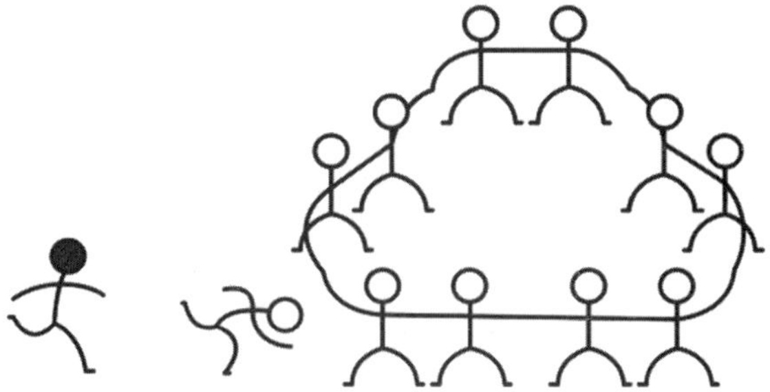

图 1 - 5

8. 感染

在规定的范围内进行鬼（追者）抓人（逃者）游戏，被鬼捉到的人被感染成为新鬼。

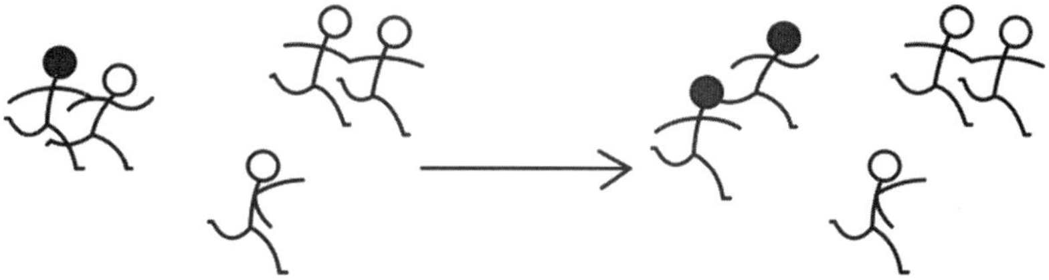

图 1 - 6

9. 魔法

一魔法师做法，其他人两人一组手拉手躲避，被魔法师触摸到即被施“定身咒”，两人要举手做出拱桥形状，其他组的人从拱桥下面通过后，便可解咒。魔法师的任务是将所有组都定住。

10. 捕鱼

在规定的范围内，一人做网（追者），其他人为鱼（逃者）。捕到鱼后，两人手拉手成渔网。渔网最多由 4 人组成，超过 4 人，重新织网。捕鱼过程中手不可松开，鱼被捉完则游戏结束。

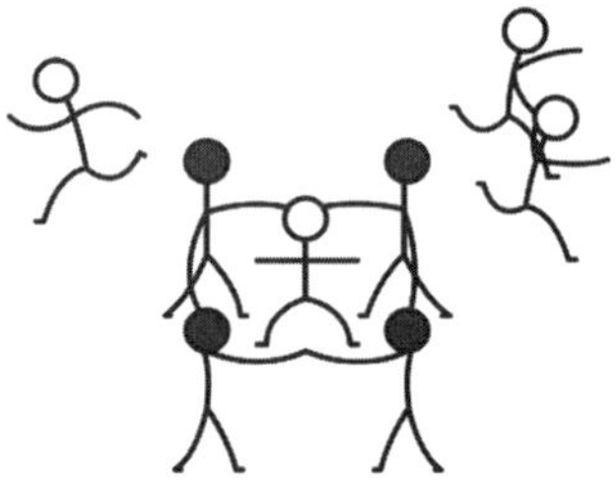

图 1-7

二、避险

1. 冰棍

当追者逼近时，逃者站稳并高呼“冰棍”，追者就不得追拍。追者离开后，冰棍可高呼“化了”，重新进入游戏。

2. 脚不沾地

当追者逼近时，逃者坐下并双脚跷起，同时高呼“脚不沾地”，追者就不得追拍。追者离开后，逃者可自行站起，重新进入游戏。

3. 告假

当追者逼近时，逃者喊“告假”可以不被抓，喊“还假”即可恢复游戏。也可以随便喊几个字。

4. 隔墙

隔墙，即游戏范围内的物理阻隔，例如操场上的花坛、球架、树木、高台栏杆等，追者不可隔着“墙”捉人。

5. 陆地

所有人（或者只有追者）必须在玩耍场地内的某类地方走动（例如游乐场软垫或者草地），这个区域称为“陆地”，其他区域（例如砖地、人行道，甚至是地面本身）称为“海”，追者走到“海”中即输。有时追者可以有限制地在“海”里移动，例如限制时间或者步数。

6. 假死

鼠（逃者）在躲避抓捕时可以下蹲来表示假死，只可保持下蹲状态，不可移动；猫（追者）不可抓捕假死状态的鼠。游戏可以规定鼠假死的次数，或者规定它可以被其他鼠拍肩膀救活。

图 1 - 8

7. 回家

设置一个“家”，逃者必须从躲藏地点出来，冒着被抓的风险回家，要尽可能不被捉到。追者必须主动出击，不能待在家门口守株待兔。

图 1 - 9

8. 红灯

在限定范围内，一人当鬼，其他人任意活动。当鬼的人要尽力捉人，其他人在被鬼追得走投无路时可以喊“红灯”作为保护。但喊过之后就不可以再走动，必须原地站立，直到被人摸拍身体，同时喊“绿灯救”之后，才能恢复自由。如果被鬼捉到，那么角色互换，游戏继续。

9. 木头人

在规定的范围内，一个人做追者，其他人做逃者。逃者可在紧急情况下喊“木头人”，然后原地不动，这样追者就不能再抓他了。队友可以拍肩膀解救站立的“木头人”，然后继续游戏。

10. 动作

在规定的场地内，一人扮猫，其他人扮鼠，猫抓老鼠，老鼠千方百计地躲猫。实在难以逃脱时，鼠可以做一个动作来避险。比如武术动作白鹤亮翅，篮球动作跳起投篮，足球动作大力射门，排球动作传球，等等。这样可以安全脱险，但未得到另一人营救（以相互击掌为准）前，鼠不得改变动作姿势，违者与猫互换角色。如果鼠被猫追到场外，那么也要进行角色互换。鼠做动作后，猫不允许再死盯着不放。如果所有鼠都做了动作，那么重新换人做猫。

三、信号

1. 猜捉

瞎猫抓鼠，猫数 10 个数后喊“定”。听到信号，鼠瞬间变木头鼠，瞎猫可通过触摸木头鼠的方式猜名字，猜对即成功捉到，双方角色互换，重新开始游戏，猜错则瞎猫继续抓。

游戏也可以增加瞎猫，在第一只瞎猫猜对木头鼠的名字后，木头鼠蒙眼变成新瞎猫（第二只瞎猫），此时其他木头鼠继续躲避。

2. 抓错

在场地内，学生分成红蓝两队，红队自由抓捕，蓝队在即将被抓时喊“我蹲”并即刻蹲下，红队便不能抓捕，蓝队其他队员可用“快跑”的口令把同伴解救出来。如果蓝队队员没喊口令，没做动作或者口令、动作出错，那么红队队员抓捕有效。

口令还可以变成：“我坐”“我定”“我回家”“我来救你”“复活”“走起”等。

图 1 - 10

3. 回去

一人做鬼，其他人每人以一个体能圈为家。鬼不时用手拍在家里的人，被拍到者跟着鬼一起行动，鬼会随时叫“回去”，没回到家里的人成为新鬼。

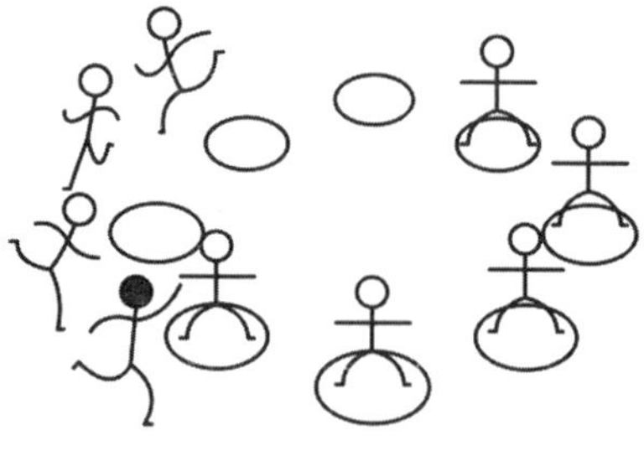

图 1 - 11

4. 叫号

一追者站在正方形中心，4 队分别站 4 边并以 1—10 编号，被教师叫到号的 4 人要迅速跑向对面，追者在中间捉人。在规定时间内被捉最少的队获胜。

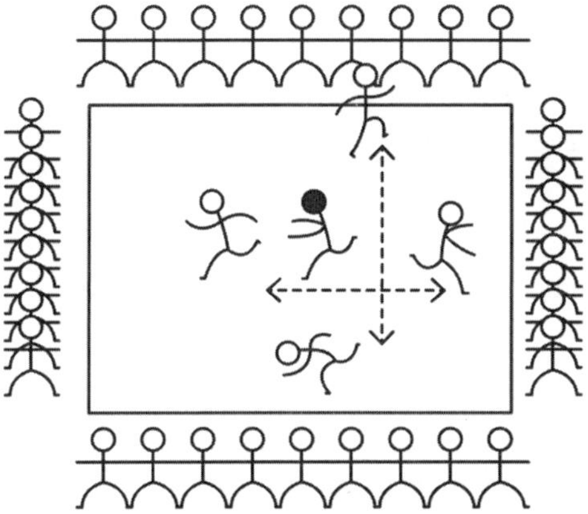

图 1－12

5. 风花

在一定范围内，学生分成风组和花组，风组猜花组的名字。风组队长大声猜：蜡梅花、杜鹃花、牡丹花、百合花、向日葵等，花组队长大声回答对或错。当回答错时，大家不动，当回答对时，花组学生全部快速跑开，风组去追，花组被捉到的人则加入风组。捉完一局结束，互换角色再来。

6. 红白

在一定范围内，全体学生分成红白两队，间隔 3 米，教师拿红白两球，随机往上抛，抛红色球，红队追，抛白球，白队追。

7. 数数

一人蒙眼扮演追者在圆形场地外数 10 个数，数数时其他人在场地内自由移动，数数停止，其他人原地不动。蒙眼者进去捉人，其他人脚不能动，身体可以动，看在规定时间内蒙眼者能捉多少个人。

8. 拍手

在适当的范围内，选一人蒙眼做追者，其他人为逃者。逃者边拍手边喊“我在这儿”，戏弄追者。有人被捉或跑出边界时，与追者交换角色。

9. 猜领袖

全体学生围成一个圆圈，面向圆心站好。选出一名猜者暂时离开队伍背向大家，另指定一个学生作为动作的引导者，即领袖。游戏开始，猜者走进圆圈内，领袖做一些简单而重复的动作，如拍掌、伸臂、转体、摆臂、弹指等，其他成员跟随“领袖”做所有动作。猜者得猜谁是领袖，只许猜 3 次，若 3 次均猜错便得接受惩罚。若猜对了，则领袖接受惩罚，并成为下一个“鬼”。

10. 是非题

两队 PK，分站在一条线的两侧。其中一个是“正确”团队，另一个是“错误”团队，每队在中心线的两侧都有一个安全区。当老师给出正确的说法（例如草是绿色的）时，正确队奔向安全区，而错误队则追逐他们。被捉住者，变为错误队队员。如果老师的说法是错的，则一切相反。比赛结束时，队员多的队伍获胜。

四、动作

1. 手脚

单手：规定追逃范围，追者单手叉腰，用另一只手捉人，被捉住者则加入追者队伍，直到把逃者捉完。

单脚：规定适当范围，追者和逃者都用单脚跳的方式移动。

挽手：逃者手挽手，追者必须抓到其中一人的手，让他变成新追者。

2. 疾追

在适当的场地内，全班同学一起进行游戏，首先每人找一个朋友握手问好，然后猜拳，胜者立即快步走开，输的人原地转 3 圈再追。教师计时 1 分钟，被捉住者原地蹲起 5 次。游戏可以连续进行多次。

3. 快抢

5 人一组，6 个标垫（1 蓝 5 红）。1 人进攻，4 人防守，守方需要保护地上的 5 个红色标垫，以单脚踩住即可。进攻者从蓝色标垫出发，只要单脚踩住任意一张红色标垫即获胜。

变化：加人，加垫。

4. 跳马

一名追者、一名逃者在适当的范围内进行追逃，其他人等逃者靠近时变成人马。跳过人马后，追、逃者角色互换。

5. 运球

触盘。每组有两个标盘，相距 6—8 步（依能力可调整距离）。两人一组进行攻防，从中心点开始，计时 30 秒，攻者将足球停在标盘上即得分。守者不能有身体接触、干扰及截球动作，以踩盘为防守手段。

破坏：在篮球场三分区内，人手一球进行运球，一人无球专门负责搞破坏，把别人的球打掉或者捅出界，运球者想办法护球或运球远离破坏者。

变化：破坏者变运球者，被抢者变成新的破坏者，游戏继续。

6. 传抢

在半个篮球场内，教师将学生均分成红蓝两队进行传球、抢球比赛，只准传球、移动接球。红队开始传球，每传一次所有人高喊一次，以传到 10 次为胜。其间蓝队进行抢断，若蓝队断到球或者红队传出界，则由蓝队传球，红队抢球。

7. 花式移动

捉迷藏游戏中的移动方式可以是走、跑、跳、滑步、开合跳，或是低、中、高重心的其他移动方式，还可加入“模仿秀”的元素。

8. 拉人

画一个圆当陷阱，所有人面向陷阱手拉手围圈。游戏开始，陷阱里面的人要往陷阱里拉人，被拉进圆圈的人加入拉人队伍，最后没有被拉进陷阱的人获胜。

9. 敲背

在一定的范围内两队 PK，各自有一个大本营，听到信号，各自前进去敲对方的背，被敲背者即被俘虏。在规定时间内捕获俘虏多者胜。

10. 挤油

一人扮追者站在圆圈外，其他人进入圆圈背靠背站好。追者发令：“挤油啦，挤油啦，挤扁啦不要哭。”圈中人开始互相推挤，把别人挤出圈，追人者在圈外不停奔跑，去触碰圈内的人，被挤出的和被追者触碰到的成为追者同伴，直到圈内剩下最后一个人，游戏结束。

五、器材

1. 白鲨咬人

一人当“大白鲨”在地面活动（地面当作水面），其他人可以在水面和岸上（通常为比地面高的地方，如凳、桌、台、箱等，需提前放置好）活动。其他人必须经常跳下水吸引大白鲨的注意力，被大白鲨捉住则交换身份。

图 1 - 13

2. 魔鬼打人

魔鬼戴上面具（遮住眼），穿上黑色斗篷，手持一根泡沫棒作为武器，可以打人。其他人拿小贴纸，想方设法把小贴纸粘到魔鬼的斗篷上。最后计算斗篷上的贴纸数量论输赢。

变化：可以增加一个魔鬼，或魔鬼双手各持一根泡沫棒，以增加难度。

图 1 - 14

3. 此起彼伏

一人（追者）手持充气锤，其他人充当鼹鼠（逃者），鼹鼠要通过 5×15 米的场地，下蹲表示安全，站起来逃就可以被充气锤击打，被打到则淘汰。安全通过场地、没被击打到的鼹鼠为胜利者。

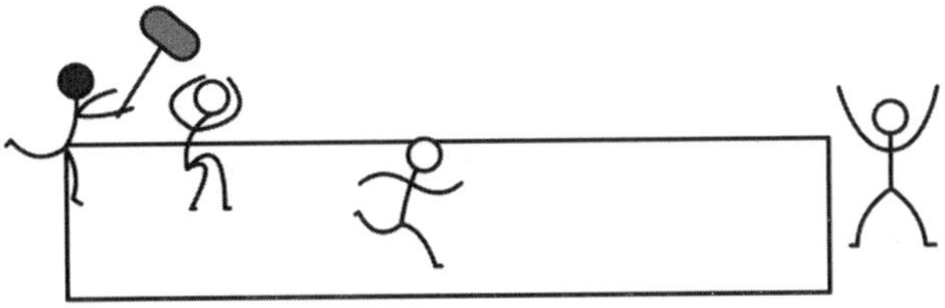

图 1 - 15

4. 听声辨向

鼠运球，猫蒙眼。猫通过篮球弹地的声音来抓捕鼠，鼠不能躲到一边运球，要靠近猫，并不时地发出挑衅："我在这儿，快来抓我。"

8 名学生在篮球场三分区内运球，其中一人头戴眼罩，靠声音判断，徒手摸瞎捉运球的人。摸瞎人抓到运球人或者碰到球，则双方互换身份继续比赛。

图 1 - 16

变化：逗猫。在适当的范围内，选定 3—5 只鼠（逃者），其他人为猫（追者），并用眼罩蒙眼变成瞎猫。鼠在场地内随意跑动，不停挑逗猫。若猫成功捉住鼠，则双方角色互换。

图 1 - 17

5. 运动不追

在场地内放置少于老鼠数量的绳子和呼啦圈。游戏开始后，猫不能抓正在跳绳或转动呼啦圈的老鼠，只能抓没有器材的活动的老鼠。老鼠被抓后，可以和有器材活动的老鼠互换角色，也可以与猫互换角色。

图 1 - 18

6. 寻宝之旅

教师将所有人均分为红、蓝两队，每队均携带一些表示自己队颜色的物品，并在 3 分钟内将各自的物品藏好。待教师发出信号后，大家以最快的速度去找另一队的物品，最先找齐的队获胜。

7. 黑猫警长

选 4 人当黑猫警长，其他人当老鼠并露出尾巴（绳子、飘带、布条等）分散四处站立，猫拔掉老鼠尾巴后角色互换，游戏继续进行。

8. 自由躲避

全班同学在室内用一个气排球进行游戏。以任意一人往上抛球开始，球落地弹起，就近的人随意击打，大家闪躲避让，被球击中者马上到旁边做 5 个俯卧撑。也可以接球，接球者重新开球。

9. 传递手帕

一人蒙眼站中间，其他人围圈传递手帕。1 分钟后大家都把手背在身后，蒙眼者摘下眼罩，猜手帕在谁手中，如果猜中，拿手帕者先完成任务，如唱歌、跳舞、做运动等，再角色互换，继续游戏。

变化：传递东西时可边跑边唱，时不时地说："传到我这儿啦。"蒙眼人随时可以喊停。

10. 挑逗狐狸

选出一人当狐狸，站在一个半径为 2 米的圆内，手里拿一个绸带球

（一端固定的小软球），全体学生在圆圈外自由奔跑挑逗狐狸。狐狸一只脚出圈的时候可以用绸带球击人，其他人可以趁狐狸不备一只脚进入圈内轻拍他的背，狐狸被拍到则角色互换。

六、场地

1. 过河

用两条直线代表河，两队分别站在河的两边，河宽可根据实际情况而定。追者喊“过河”，大家快跑至对面，追者趁机捉人，捉到则互换角色。

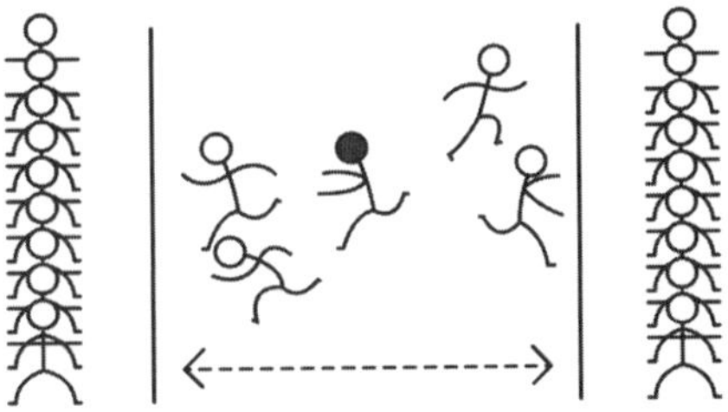

图 1 - 19

2. 十字

方形场地上，中间两米宽的十字通道将场地分成大十字和 4 个小方形，场地大小根据人数多少来设计。逃者在小方形场地内穿梭，追者在十字场地内跑动，逃者被捉则立即变成追者。

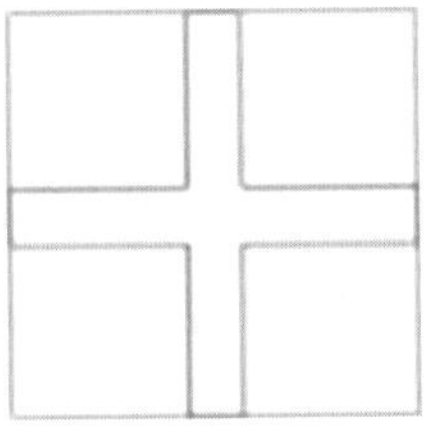

图 1 - 20

3. 葫芦

葫芦形场地，中间为追者活动范围 2×5 米，逃者在葫芦两边交换跑动，被捉则与追者交换角色。

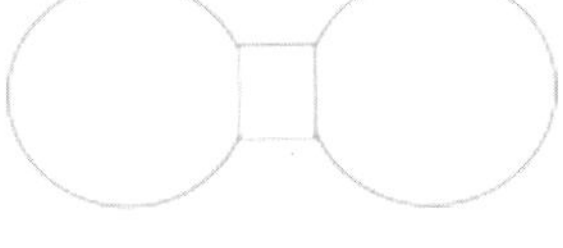

图 1 - 21

4. 比萨

同心圆被大圆的三条直径均分（形似比萨）。逃者跑动线路为小圆，追者跑动线路是大圆和直线。如逃者被捉到则双方互换角色继续游戏。

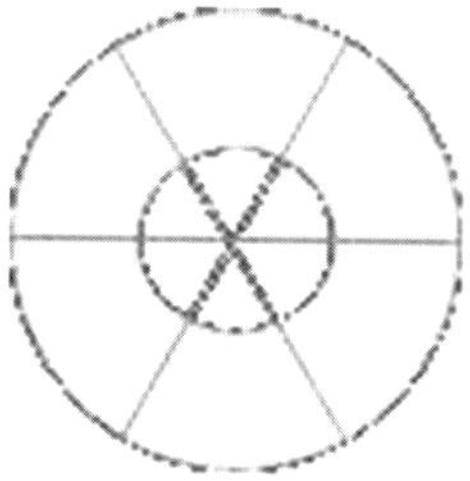

图 1 - 22

5. 挑逗

同心圆场地，追者在两圆之间活动，逃者可以跑进跑出，并不时地挑逗追者："我在这里。"追者被捉则双方角色互换。亦可规定追者在小圆内活动，逃者在两圆之间活动。

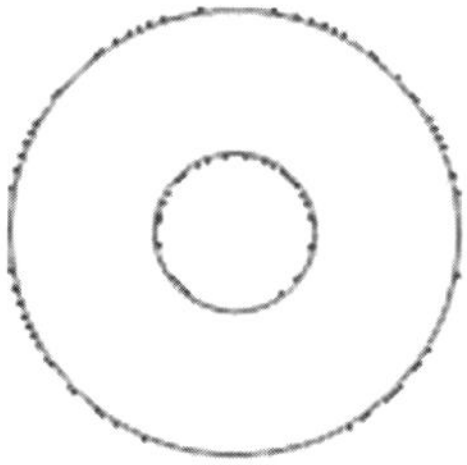

图 1 - 23

6. 旋转木马

人站在同心圆上，随着音乐在内圈逆时针、在外圈顺时针跑，两线之间有一指挥者。当音乐停止，内圈、外圈随意两人手拉手，指挥者也找人拉手，没拉上手的成为下一个指挥者。

7. 盗宝

在方形场地内设一小圆，在小圆中间放一宝物，两队进行攻守，一队想办法盗宝，另一队想办法保护宝物。两队人员身体不能接触，如果发生接触，攻方队员就要退出方形场地休息 30 秒后方能继续进攻，守方不能跑出方形场地。以在规定时间内拿到宝贝者为胜，没拿到宝贝者为输。

图 1 - 24

8. 沿线

在平地上画篮球场、羽毛球场等的场地线，或者画九宫格，追者和逃者一定要沿着线进行抓捕和躲避。逃者可以用跳或跨的方式移动，追者则只能沿线跑。为了便于区分，追者可以穿上号码衣或戴上有颜色的帽子。

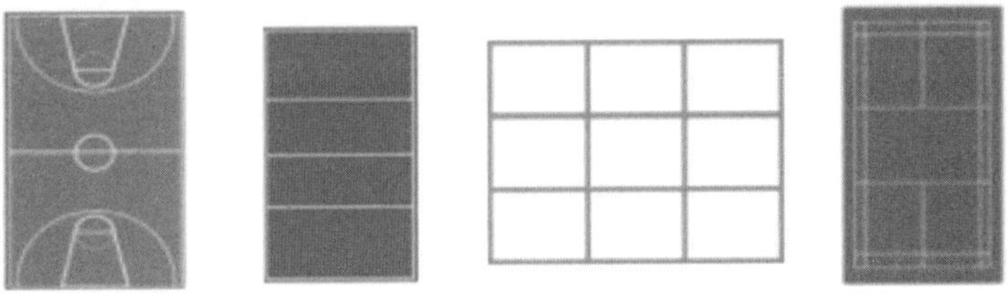

图 1 - 25

9. 球场

两队在篮球场上进行 PK，每队派出两人，两人手拉手组成魔鬼，魔鬼进入对方场地，听到信号开始捉人，其他成员在各自半场内自由躲避，但不能出界，被捉即离场。先捉光别队队员的队伍获胜。

10. 离地

逃者的脚离地，使身体悬挂在任何地方都能躲避追者的抓捕。单杠、双杠、肋木、树、凳子等都可以成为逃者躲避的场地。追者应在逃者体力不支、身体悬不住时再去抓他。

七、情景

1. 越狱

小偷（逃者）找地方躲藏，警察（追者）要抓到小偷并将其带往监狱，监狱可以是一个特定的区域。警察只有将所有小偷都抓进监狱才可获得胜利。没被抓住的小偷可以偷偷将同伴救出，但一次只能救一个同伴，方法是跑到监狱门口与同伴击掌。

2. 神偷

选出1—2个警察（追者）保护财产，其余人为贼（逃者）。在场地内放置8个雪糕筒，贼要在不被警察抓住的情况下将雪糕筒偷回家，贼若被抓则将被关进警局。贼全被抓住时或财产全被抢走时游戏结束。游戏开始前要设定好警局的范围、警察的数量、财产的数量。

3. 钻洞

在适当的范围内，画几个小圆为鼠洞。猫自由跑动，而鼠需用单脚跳的方式进行躲避，鼠可钻洞躲避追捕，一个洞只能容纳一只鼠，有新鼠入洞，前者自动离开。

4. 偷油

猫俯撑，腹下有油（以沙包、小球、小泡沫块等为油均可）。猫可移动四肢护油，众鼠设法偷油，并尽量不被猫碰到任何部位，否则即被捉住。鼠被捉后，双方交换角色继续游戏。

5. 偷球

每组6人，一人为猫，保护5个球，其他人为鼠，任务是偷球。游戏开始，鼠问猫问题，猫必须回答（可以回答不知道），同时护好球，防止球被偷。限时30秒，鼠们若没有偷到一个球，则为输，接受处罚。如果5个球全部被鼠偷光，那么猫受罚。鼠不能被猫碰到身体。

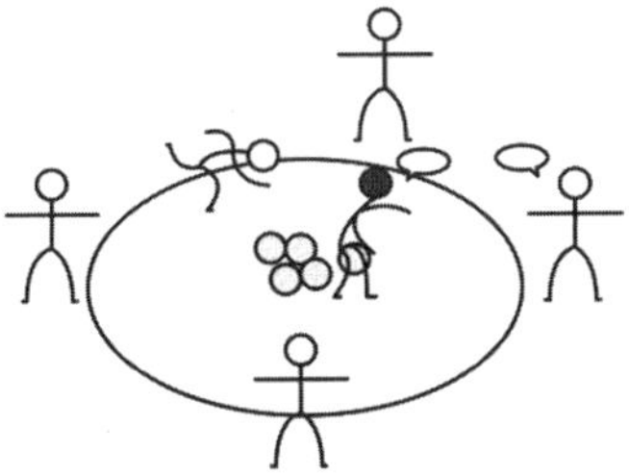

图 1 - 26

6. 斗牛

在一块方形场地内，一人扮疯牛（追者），其人他每人拿一块红绸布扮演斗牛士，不断地从四周进入场地。疯牛不停地攻击斗牛士，斗牛士可以在场地内自由跑动，当快被追到的时候，可以展开红绸躲避攻击。

7. 叼羊

在适当的范围内，一追者扮狼，叼羊前发出狼叫；一人扮牧羊人保护羊；其余人为逃者，扮羊爬行，并不时发出"咩咩"的叫声。狼不能与牧羊人有身体接触。羊被狼全部叼完则游戏结束。

8. 12 点

小羊们围个大圈，老狼蹲在大圈中间。小羊围着老狼边转边问："老狼，老狼，几点钟?"老狼数钟点，从 1 点到 12 点，当数到 12 点时，羊群马上跑散蹲下，老狼在 1 分钟之内抓住任何一只小羊的话，则与之交换角色。

另一种玩法如下。老狼在前面走，小羊和他保持一定距离跟在后面，边走边问："老狼，老狼，几点钟?"老狼数钟点，当老狼说"天黑了，我要吃羊"后开始抓羊。抓羊要在规定范围内进行，若羊跑出范围就不能抓了。

9. 避雷

把学生分成甲、乙两队，甲队队员蒙眼做坦克，安排两个队员在目标处做雷达，乙队队员在路上不规则地站着当地雷。游戏开始，雷达以喊叫的方式指引坦克前进，如：×××前进，后退，向左，向右，避免触雷。坦克若触到乙队队员身体的任意一个部分，就算触及地雷。触及地雷后，扮作坦克的队员变成地雷，必须在原地站立。扮作地雷的队员，可发出各种错误的声音，引诱坦克触及地雷。在一定时间内，双方攻防互换，最后以抵达目标处的人数多少决定胜败。

10. 潜伏

游戏场地为游泳池，参与游戏的人通过石头剪刀布选出一个“潜伏者”。倒数10秒，其余的人不限泳姿地散开。潜伏者需要以潜泳的方式捉其他人，被捉到的人则成为下一个潜伏者。

另一种玩法如下。一人扮作贪吃鱼，10秒倒计时后，其他小鱼不限泳姿地散开。贪吃鱼需要以潜泳的方式捉其他小鱼，被捉到的小鱼加入贪吃鱼一队，直至所有小鱼被捉完。

11. 寻旗

教师将学生均分成两队或以上，事先让全体人员看清楚军旗的模样，然后派人将军旗藏放于秘密地点。先将军旗寻获的小队获胜。寻找军旗时，小队成员必须手牵手一起寻找。

12. 蜂窝

在场地上画两个相距30米的圆圈，直径分别为1米和2米。小圈为马蜂窝，大圈为家。做马蜂的若干人，手指勾手指站于小圈内，然后吆喝招引其他人上前来拍，被招来的人可以是单个或多个。一旦被拍到，马蜂即可松手变成追者，拍者变成逃者。逃者逃至家即安全。如果马蜂追到逃者，那么可以将其围起来，用双手做马蜂状。被围逃者可以趁机拍马蜂的头部，一旦拍到，马蜂即死去。被蜇的人仍可往家跑。如果其他人都回到家，而被围者仍未逃出，那么被围者需要退出游戏。游戏重新开始。

13. 猜巾

在场地上画一条起跑线，在其正前方30米处，再画一个与其平行的长方形，长10米，宽1米。教师选5个学生出来让他们拿一条彩巾（头巾或手帕）站于长方形中，当活动目标。其他学生分成人数相等的两队（4队），排成单行纵队站于起跑线后。游戏开始，各队排头注意观察长方形里的5名学生。5名目标学生聚拢到一块，背向起跑线，将彩巾举过头，紧接着马上秘密地交给一个人藏起来，然后5人分散开，成一线，背向起跑线蹲下。教师鸣笛后，各队排头人员立即朝目标区跑去，根据自己的判断，拍一个可能藏有彩巾的人，如果拍对了即可为本队争得1分，否则无分。接着，各队第二排的同学听教师鸣笛后仿排头人员上前猜人，如此反复，直到最后一人为止，得分多的队获胜。

规则：每人只准拍一次目标，如果各队队员都未拍到目标则都不得分。

八、分队 PK

1. 踢空瓶

在规定的范围内（场地大小可根据学生年龄、人数、性别而定），中间画一个直径为 6 米的圆，并在其中放置一个矿泉水瓶子。一队进攻，一队防守，守方站在圆圈线外防止攻方进入，攻方不能被守方碰到，否则将出局。攻方把瓶子踢倒即获胜，如果在规定的时间内没踢倒瓶子，则失败。

2. 电力大战

教师将全体学生分成甲乙两队。在地上画两条平行直线，相距 5 米，中间区域为战场，线后为充电区兼安全区。游戏开始，两队队员分别站在线后，可以跑进战场引诱对方出来。先离开安全区的为逃者，后离开安全区的为追者。逃者若被追到，就会成为对方的俘虏，必须回到对方的安全区内。

3. 三国演义

教师将学生均分为 3 队，3 队循环进行抓捕，A 抓 B，B 抓 C，C 抓 A。每队均有监狱，抓到人后就将他们关进自己的监狱，直到某队全军覆灭为止。场地可大可小，在大场地游戏趣味性更强，还可加入救人、合作等元素。

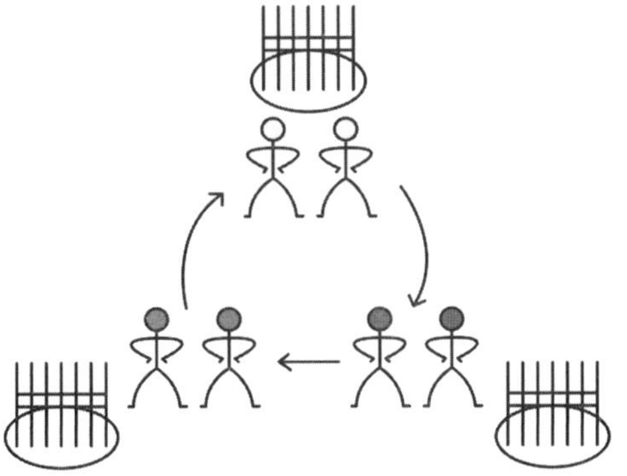

图 1 - 27

4. 卡巴迪

团队体育项目，起源于印度、巴基斯坦等国，类似于中国的老鹰捉小鸡。卡巴迪从 1982 年亚洲运动会起成为表演项目，从 1990 年亚洲运动会起成为正式比赛项目。

比赛场地长 12.5 米，宽 10 米，中线将场地分开，双方各站一边。一方派出一名队员作为“袭击者”到对方半场进攻，如果触及某一名防守方队员，或将他摔倒并顺利回到己方半场则得 1 分。在整个进攻过程中“袭击者”要不断喊：“卡巴迪，卡巴迪。”

5. Kho kho（阔阔）

Kho Kho 游戏在南亚次大陆较受欢迎，如在印度、巴基斯坦、孟加拉国和尼泊尔等国家。游戏规则如下。

(1) 两组 PK，每组 9 人，一攻（追）一守（躲避）。进攻组 1 人追击，8 人蹲下待命，单数面向左，双数面向右。防守方先派 3 人应战。

(2) 追捕者的目标是触摸防守方队员，防守方队员可以自由穿梭在进攻组的 8 人阵型中。但追捕者不能穿越阵型，也不能往回跑，只能同方向前进。

(3) 追捕者可以替换队友追捕，替换时需触碰待命的队友并喊：“Kho.”此时，待命队友可以往面朝的方向追捕防守方队员，而刚才的追捕者则蹲坐在刚才待命者的位置上。

(4) 比赛开始后，追捕者从角锥出发。在没有越线的情况下，追捕者摸到对面的防守方队员即算抓到。追捕者如遇大雪糕筒，则可以折返或绕过去，如有违规，比赛重新开始。

(5) 以最快时间抓完 9 人的队伍获胜。(也可另行规定时间)

图 1 - 28

6. 抢帽子

所有队员戴上不同颜色的帽子，分成两队，各队两人一组手拉手。两人组右边的人去抢对方的帽子，左边的人负责防御。所有人都不能用手按住自己的帽子。规定时间内，拿到帽子多的队伍获胜。

变化：两队队员全部戴上各自帽子进入场地，听到指令后，互相抢夺对方的帽子；被抢去帽子的人失去比赛资格，最快抢到所有帽子的队伍获胜。

7. 陆海空战

所有队员分成两队，各有大将 1 人（戴帽子）、中将 4 人、少将 3 人、少尉 2 人（手拉手），其他人当步兵。如果从正面交锋，那么职位高的人获胜；如果从背面触碰，那么没有输赢。先捉到对方大将的队获胜。

其他游戏方法如下。各队把队员分成水雷、舰长、驱逐舰等角色，各自在头上扎上不同颜色的头巾以示区别。水雷胜舰长，舰长胜驱逐舰，驱逐舰胜水雷。被“克星”触碰到的队员退出游戏，首先夺取敌人阵地旗子的队获胜。

8. 冲入敌阵

所有队员分成两队进行 PK，每队派两人进攻，其他人手拉手围着自己队的旗子。得到进攻信号后，两名进攻队员去抢对方圈内的旗子，进圈子时双手在胸前交叉，围圈的人手不要松开。先冲进对方防守圈并抢到旗子的队获胜。

9. 鹿死谁手

所有队员分成红蓝两队进行 PK，每人手臂上挂一条彩带代表生命（每队一色）。两队各有一半径为 5 米的圆形阵地，阵地后方设一战俘营，每队留 5 名队员护守军旗，其余队员皆当攻击手。攻击手一旦进入对方阵地即丧失攻击能力，只能躲避守卫人员，并伺机夺取军旗。攻击方式：双方攻击手碰面时进行猜拳，输的逃，赢的追，如逃者被追到，即交出生命彩带，到战俘营报到。若某队军旗被夺即被判输，否则时间一到，彩带多者为胜。活动场地中必须设置裁判，裁判的职责是数人。

10. 攻占阵地

甲乙两队，各守一方，以一独立物为大本营。双方队员互相进攻对方阵地，遇对方即拍手猜拳，输的逃，赢的追，逃者如被追到则成为对方的俘虏。若被俘者伙伴能冲破对方防守圈，拍到被俘者便可将其解救。在一定时间内，抓获俘虏人数多的队伍获胜。

变化1：每人有一号码牌，两队队员相遇时双手互碰，出示号码牌，号码牌小的逃，若被抓到即成为对方的俘虏。

变化2：自编一套角色（如：公主、王子、皇后、皇帝……），队员分配角色进行游戏。

为增加趣味性，每人的号码或角色牌可随时自行调整。同时，为避免追逐太累，游戏可限制追逐范围。

11. 抢旗

所有队员每人将一个呼啦圈作为家，家里有一面旗帜，队员的目标是保护自己的旗帜，抢别人的旗帜。如果旗帜被抢，则出局。队员既不能待在家里，也不能站在其他人家里不动，必须去抢旗。若要阻止别人抢旗，就要守在自己家门口，想办法拍他的背，拍到背则会令其出局，无法再进攻。

12. 踩“王”

教师将队员分成红白两队，各10人，各队主要任务是保护自己的“王”不被对方踩到，并派遣队员去进攻对方阵地，设法踩到对方的“王”，以争取胜利。当敌方进攻到本方阵地时，众人合力将敌方人员推至线外，被推至线外的人就出局。半圆形部分可作为临时休息区，供进攻人员商讨战略。游戏进行时要注意安全，只能用手掌推人，推的范围是头部以下、腰部以上，不能有握拳或打人的动作。

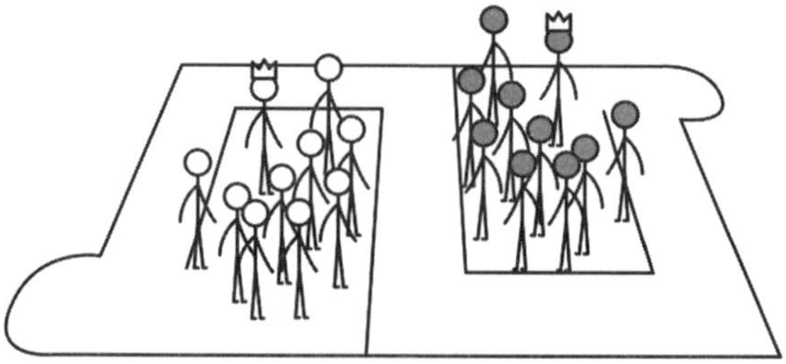

图 1 - 29

第二章　捕护逃中见真功

老鹰捉小鸡

游戏简介

“老鹰捉小鸡”这个游戏在国内外有着极高的普及率。该游戏在国内有很多叫法，比如：黄鹞吃鸡、捉龙尾、马虎叼羊、杀羔羊、老鹞叼鸡、狼吃羊、黄鼬抓鸡、抓羊、合尼瓦日、打鬼护子、卖龙车。美国叫鹰和小鸡，英国叫狐狸与鹅，日本叫比比丘女，越南叫龙蛇，印度叫狐狸与母鸡。这一游戏由“袭击者、庇护者、被庇护者”这3个典型要素构成，是一种多人参加的益智娱乐游戏，在户外或有一定空间的室内进行。这种游戏对发展学生的灵敏性和协调能力，培养学生合作练习、合作意识有一定的促进作用。

基本玩法

游戏开始前先分角色，即一人当母鸡，一人当老鹰，其余的当小鸡。小鸡依次在母鸡后牵着衣襟排成一队，老鹰站在母鸡正对面，做捉小鸡姿势。游戏开始后，老鹰叫着做赶鸡动作，母鸡身后的小鸡做惊恐状，母鸡极力保护身后的小鸡。老鹰再叫着转着圈去捉小鸡，众小鸡则在母鸡身后左躲右闪。

游戏价值

“老鹰捉小鸡”是一个传统游戏，玩法相对较简单，对场地、器械要求相对较低，安全系数较高，比较好展开。在玩的过程中，学生会进行各种奔跑、移动、躲闪、急停、转身等活动，发展身体灵敏、速度、反应、协调等活动能力，以及培养积极、主动、机智、果断、竞争、创新等精神和自我表现能力。同时，角色扮演的过程会促进学生良好品格的养成。老鹰要勇敢执着；母鸡要有爱心，用力保护孩子；小鸡们要服从指挥，互相帮助，团结一致。

游戏变化

一、人数

1. ＋母鸡

在基本玩法的基础上，增加一只母鸡在队伍最后保护小鸡，老鹰绕到队伍最后面攻击小鸡时，母鸡可以进行保护。

图 2 - 1

2. ＋老鹰

在基本玩法的基础上，增加一只或多只老鹰轮流攻击小鸡，老鹰依次轮换在 3 秒内完成捕捉，捕捉 3 轮后交换角色或定胜负。

图 2 - 2

3. ＋母鸡＋老鹰

在基本玩法的基础上增加一只老鹰、一只母鸡。鸡队伍倒数第二位的小鸡穿红色马甲，老鹰用篮球进行攻击，两只母鸡一头一尾进行守护，两只老鹰可以互相传球，只要用篮球触碰到穿马甲的小鸡就算获胜。游戏进行 3 轮。

图 2 - 3

4．十队数

把全班同学分成 6—8 个队，挑选 6—8 人做老鹰，进行定时捉鸡比赛，捉小鸡多者胜。也可以是一只老鹰对阵所有的鸡队，如果他能在 3 分钟内捉 10 只小鸡就算赢，如果没捉到 10 只小鸡就算输。

图 2 - 4

5．三角抓捕

4 人一组，分老鹰、小鸡两种角色。3 只小鸡手拉手围成圈，老鹰捉固定的那只小鸡，其他两只小鸡通过移动保护固定的小鸡，3 只小鸡的手始终不能松开。

图 2 - 5

6. 三鸡成墙

在一定的范围内，小鸡散落在各处，一只母鸡竭力保护，一只老鹰跑动捉鸡。小鸡可以 3 只一起组成一堵墙进行自保，老鹰遇到墙只能绕过去，捉别的小鸡。

图 2 - 6

7. 保护母鸡

小鸡手拉手围成一个圆圈，面向圈内，母鸡站在圆圈中央，小鸡不让老鹰穿过圆圈去抓受伤的母鸡。在规定的时间内，老鹰如果突破保护圈抓到母鸡，那么老鹰获胜，反之，则小鸡一家获胜。

图 2 - 7

二、十器材

1. 球触

8—10 人一组，使用一个篮球。在老鹰抓小鸡游戏的基础上，老鹰运球去抓小鸡，母鸡在保护小鸡的同时要设法拍掉老鹰的球。老鹰的球如果被母鸡拍掉，那么老鹰变成最后一只小鸡，母鸡变成老鹰，母鸡后面的第一只小鸡变母鸡，负责保护后面的小鸡。被老鹰抓住的小鸡做 10 个俯卧撑或 10 个蹲起。老鹰运球时不能出现违例情况，小鸡队伍要紧紧相连不能断开。

图 2 - 8

2. 软排

10—12 只小鸡、一只母鸡组成鸡队。4 只老鹰分别站在四周，并只能在各自的圆内移动，用一软排互传，触杀小鸡，触到一人得 1 分。母鸡可以拦截排球，如果拦到一次，老鹰失 1 分。在 3 分钟内，老鹰若得 10 分则获胜。

图 2 - 9

3. 泡沫棒

两只母鸡一前一后保护小鸡；一只老鹰手里拿一根泡沫棒，用棒击打小鸡，被打到的小鸡出局。母鸡保护小鸡时可以用手臂隔挡。在规定时间内，老鹰若打到所有的小鸡则获胜。

图 2 - 10

4. 沙包

在基本玩法的基础上，老鹰在规定时间内手持沙包移动掷击最后一名小鸡，击中则小鸡出局。老鹰将所有小鸡掷出局时，游戏结束。游戏时注意选择质地柔软的沙包，老鹰只可击打小鸡头部以下部位。

图 2 - 11

5. 跳绳

两只老鹰分别在鸡队两边进行原地跳绳，其中一只老鹰突然放下绳，然后开始抓鸡，若在 10 秒内没有抓到，则立刻换另一只老鹰去抓，依次进行轮换。游戏进行中，老鹰在四周伺机而动，抓完最后的小鸡，游戏结束。

图 2 - 12

6. 强翼

母鸡用两支羽毛球拍做超强、超大鸡翅，老鹰不能碰到球拍，否则将失分。这对老鹰是一种挑战，它既要捉小鸡，又要避免被母鸡的球拍碰到。

图 2 - 13

7. 断球

在一定的范围内，4 只老鹰分别站在 4 个方向，用一个足球互相传球。鸡队的任务是断球，在规定的时间内断到球即获胜，反之则鹰队胜。注意：鸡队队员应保持相互连接，不能散开。

图 2 - 14

8. 设障

在基本玩法的基础上，在场地内拉几条高度为 10—20 厘米的橡皮筋作为障碍，以增加难度。鹰、鸡都不能触碰障碍，否则失分。也可以将标志桶（碟）散落在场地中间，鹰、鸡都不能触碰。

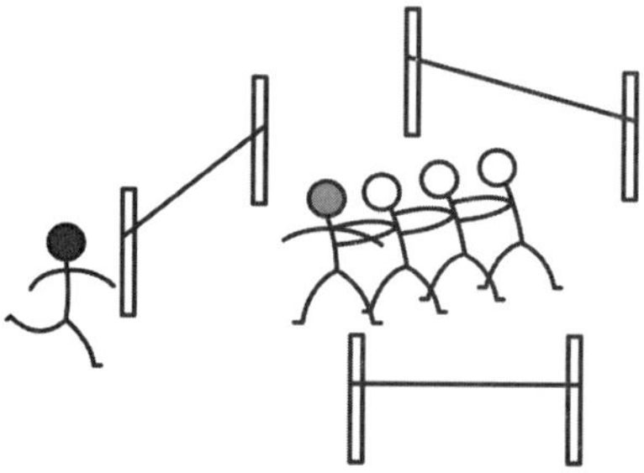

图 2 - 15

9. 盲捉

在适当的场地内，两只老鹰一前一后站位，前鹰戴眼罩负责捉鸡，后鹰负责指挥，其他与基本玩法一样。

图 2 - 16

10. 飘带

在基本玩法的基础上，鸡队尾的小鸡在腰上绑一条飘带，老鹰抢到飘带即捉到小鸡。飘带可以绑在任何一只小鸡的身上，也可以在每只小鸡身上都绑，难度不同而已。

图 2 - 17

三、规则

1. 老鹰跳跳

在基本玩法的基础上，规定老鹰、小鸡和母鸡以跳的方式移动，边跳边加入对话。

鸡："老鹰，老鹰，来抓我!"

鹰："我就来，我就来!"

鸡："抓不着呀，抓不着，就是抓不着!"

鹰："我抓，我抓，就抓着，就抓着!"

2. 角色轮换

三人一组分角色：老鹰、母鸡、小鸡。老鹰捉到小鸡，小鸡变老鹰，老鹰变母鸡，母鸡变小鸡，循环进行。

3. 双鹰斗狠

两只老鹰轮流出场，每次 30 秒，在规定时间内捕捉小鸡，进行 3 轮后计数，捉小鸡多者胜。

4. 轮番攻击

鸡队鹰队人数相同，老鹰分别站在距离鸡队 10—20 米的地方，听到信号后依次从不同的方向冲到鸡队中捉鸡。每只老鹰只有 5 秒时间，没有捉到鸡的老鹰退到一边，捉到小鸡的带小鸡退到一边，最后剩下的鸡队队员为胜者。

5. 特殊保护

母鸡在看到小鸡被捉前发出信号，鸡队如果能够统一、整齐地做出一个动作，老鹰就暂时不能抓捕。例如，双手握拳用力上举，并喊口号："我们力量大!"

6. 小鸡快跑

3人一组手拉手，猜拳决定角色和位置：中间为母鸡，左边为小鸡，右边为老鹰。游戏开始，3人边走或跑边唱："小鸡，小鸡，真美丽，红嘴巴，白肚皮，跑到东来跑到西，练好身体有志气!"唱罢，小鸡逃，老鹰追。当母鸡看到小鸡快被追上或累了时，可以击掌，这样小鸡就跑回母鸡处，拉住手休息。过一会儿，游戏重新开始，如果小鸡让老鹰追上了，双方就互换角色。过一段时间，3种角色猜拳互换。

7. 网住老鹰

在基本玩法的基础上，母鸡手持呼啦圈，将呼啦圈用作捕捉老鹰的"网兜"。在游戏过程中，老鹰可以去抓小鸡，而母鸡和小鸡则可以相互合作，用"网兜"去捕捉老鹰。规则：母鸡可以用"网兜"捕捉老鹰，但是不能用手去推、拉老鹰；小鸡可以跟母鸡相互配合，但是小鸡不可以用"网兜"去抓老鹰。

四、队形

1. 双重角色

全体队员分成2—5路纵队，每队8—10人，各队队尾人员身绑一条飘带。各队既是鸡队，也是鹰队，既要防守，也要进攻。游戏目标就是保护好自己的飘带，同时抢到别队的飘带。被抢到飘带的队立即退出比赛，最后一支队为冠军。

2. 散点捕捉

在一定的范围内，一群小鸡分散站在各处，一只母鸡竭力保护小鸡，一只老鹰可以捉任何一只小鸡。在场地内放3—6个体能圈当避难所，当快被捉到时，小鸡可以躲进圈里，但不能超过10秒钟。

3. 困死老鹰

在一定范围内，小鸡分散站在场地内，老鹰开始捉，母鸡保护。小鸡在被捉之前可以同其他两只小鸡一起组成“鸡墙（3 只鸡拉手）”，老鹰遇到“鸡墙”只能绕开，去捉零散的小鸡。如果老鹰捉不到小鸡，那么母鸡可以组织“鸡墙”包围老鹰。老鹰要在 10 秒钟内冲出包围，否则将被困死。

4. 精准抓鸡

10—12 人一组，小鸡拉手围圈，一人做老鹰，老鹰只能捉指定的小鸡，其他人移动保护，手不能松开。游戏升级：在 4 个方向分别有 4 只老鹰，每只老鹰只能抓距离自己最远的小鸡（可以让小鸡穿不同颜色的马甲或者将小鸡编号）。游戏开始后，教师负责发令，只有接到指令的老鹰才能行动。每只老鹰的行动时间只有 15 秒。

5. 圆形保护

鸡队队员手拉手围成圆圈，一只小鸡站在圆圈中间，一只老鹰在圈外移动，伺机进入圈内捉小鸡。游戏开始后，鸡圈随老鹰的移动变成密集的墙，不让老鹰进入，老鹰则不断寻找机会闯入圈内捉小鸡。

五、游戏前

1. 鹰鸡对话

老鹰问：“什么鸡？”母鸡回答战斗鸡、雄鸡、阉鸡、老母鸡或走地鸡，同时要做出动作和发出声音。当母鸡回答“宝宝鸡”时，老鹰才能开始捉鸡。

2. 鸡鹰跳舞

老师先教学生跳“鹰步舞”，跳得最好的人做老鹰，然后选出母鸡，其他人做小鸡。游戏开始前，老鹰跳“鹰步舞”，母鸡带鸡队跳“小鸡舞”。

3. 雄鹰展翅

老鹰在捉小鸡前先做 10 次深蹲跳，并在跳起时于头顶击掌，鸡队进行原地小步跑、高抬腿跑、左右侧腿跑等练习。

4. 修炼内功

老鹰和鸡队分开进行练习，老鹰练习各种变向、捕捉动作，母鸡练习阻拦、保护动作，小鸡练习奔跑、躲闪、逃避动作。

5. 统一思想

母鸡召集小鸡，统一思想，商量预案，做到步调一致、从容应对。

六、游戏后

1. 表演

输方表演节目，胜方可以点节目。节目的形式有模仿动物爬行，学动物叫，给胜利方按摩捶背，唱歌，跳舞，背诗，等等。

2. 附加

输方在完成基本任务后，还要完成附加任务，如俯卧撑、深蹲、成语接龙、古诗接龙、快速加减法等，只有完成附加任务才算完成全部任务，否则算任务失败。

3. “奖励”

对游戏输的队伍给予一定“奖励”，如手拉手下蹲，一起唱歌，尽量以团队性任务为主，这样可以增强学生的团队意识。

4. 分享

让学生自由讨论、思考，并分享各自的游戏心得，如快速获得胜利的方法。

5. 点评

师生对游戏过程进行评价、解析，教师引导学生思考如何更快、更便捷地取得胜利。

6. 总结

激励与总结，师生评价某组好在哪里、为什么好、为什么会失败、为什么会成功。

第三章　忽来疾走乐悠悠

贴　人

基本玩法

贴人又称贴烧饼、贴膏药。两人为一组，前后站立，固定位置。组与组之间保持一定距离。另选出逃者、追者。逃者与追者均可在圆圈内外及各组之间穿梭。在追逃中，如果追者用手拍到逃者身体任何部位，那么双方角色互换；如果逃者贴在任何一组前面，那么便立即解脱，追者不能再拍他，而这一组的最后一人将成为新的逃者。

图 3 - 1

游戏价值

此游戏可以培养学生的反应能力、灵活性、全身的协调性、奔跑能力及下肢力量。贴膏药游戏经常用于各种团队活动，是一款适合各类人群玩的团队趣味游戏。

游戏变化

一、贴法

1. 前后左右

学生围成一个圈，间隔两米左右。逃者和追者围绕圆圈进行跑追。逃者要想停下来休息，就必须在被捕前贴在圈上任何一个学生的正前（后、左、右）面，完成逃跑任务的转移。被贴学生随后变成逃者。

2. 前后

两人前后站成一组。逃者可以贴在任何一组人的前（后）面，同时大声叫："贴。"随后逃者立即得到解脱，追者不能再追他，而这组的未被贴者则成为新的逃者。逃者不能跑出圆圈 5 米，否则算被抓；逃者在贴的同时要大声叫"贴"才能解脱，如果不同时或不大声则不能解脱。追者与逃者角色互换时允许有 3—5 秒的缓冲时间，即新的追者要给新的逃者 3—5 秒的准备时间。

图 3 - 2

变化 1：双层。这是基本玩法，学生前后站为一组，以组为单位组成圆形，每组位置固定，逃者贴到前面或者后面，3 个人中间的同学成为新的逃者。

变化 2：3 层。学生前后站 3 层为一组，以组为单位组成圆形，每组位置固定，逃者贴到前面或者后面，第 4 个人成为新的逃者。在游戏中学生站位容易变形，教师应时刻提醒每组保持好位置。

3. 左右

两人并列站为一组，各组间隔 2—3 米，围圈。逃者贴左或右，如果贴左（贴右）则右面（左面）一人成为新的逃者。逃者只有贴左（贴右）才能解脱，但不能跑出圆圈 5 米外，否则算被抓。追者与逃者角色互换时允许有 3—5 秒的缓冲时间，即新的追者要给新的逃者 3—5 秒的准备时间。

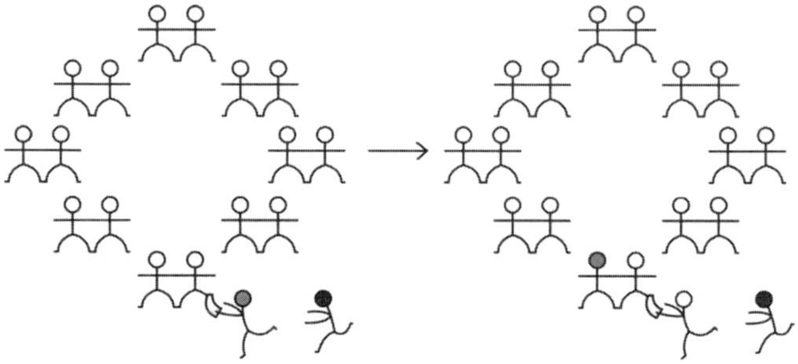

图 3 - 3

变化 1：两人并排。在一定范围内，两名学生左右并排站为一组，各组分散开，每组距离两米以上。逃者可以根据规则贴在任何一组的左边或者右边。

变化 2：3 人并排。3 名学生并排站为一组，维持同心圆，每组距离两米以上。逃者可以根据规则贴在任何一组的左边或者右边。

二、起始动作

1. 单立

在一定范围内，学生散点站立，选出追者和逃者。逃者戴醒目颜色的太阳帽，可以给任何一名站立的同学戴上帽子，追者总是追戴帽子的人。逃者如果在没有给新逃者戴上帽子之前被追到，那么追逃角色互换。可以多组同时进行，这样更加有趣。多组进行的时候，用不同颜色的帽子，效果会更好。

升级：站立式起跑姿势。

图 3 - 4

2. 单蹲

学生分散蹲在一定范围内，逃者轻拍蹲者的肩膀并叫："贴。"随后新逃者马上启动，原来的逃者立即蹲下。注意，新逃者一旦行动，追者就不能再追原来的逃者。

升级：蹲踞式起跑姿势。

图 3-5

3. 双坐

学生两人并排坐着成为一组，每组分散坐，组与组之间保持两米以上距离。逃者轻拍任意一个蹲者的肩膀并叫："贴。"未被拍者成为新的逃者。注意：这个规则很考验人的反应能力，新逃者会出现短暂的错乱。

图 3-6

4. 两躺

选出两人，一追一逃，其他两两一组躺在草地上。逃者可以在任意一组的左右躺下，第三人即成为新的逃者。

升级：躺地时做仰卧起坐或两头起。

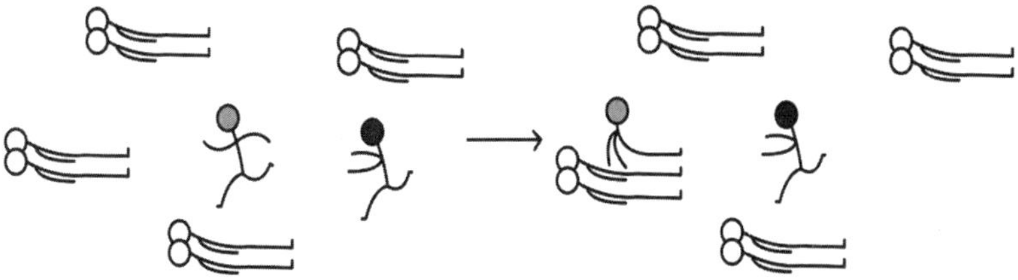

图 3-7

5. 三趴

选出两人，一追一逃，其他人 3 人一组趴在草地上。逃的人可以在任意一组的左右躺下，第 4 人即成为新的逃者。

升级：躺地时做俯撑姿势或做俯卧撑。

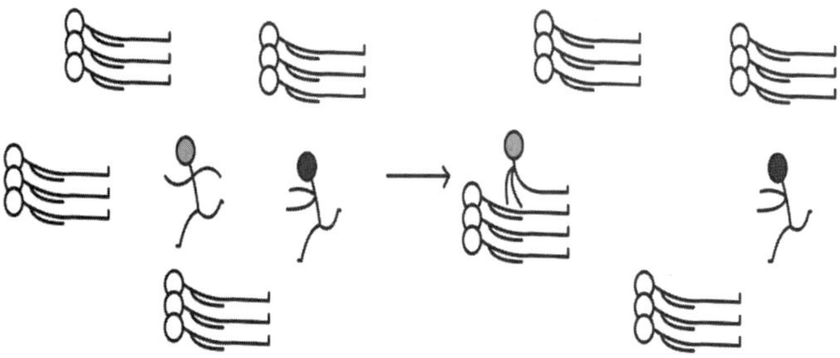

图 3－8

6. 运球

在基本玩法的基础上，追逃者行进运球。其他人原地运球，可并排站或背对背站，还可以采取圆形站位或分散站位。

三、规则

1. 反贴

逃者喊“贴”并贴实之后，追者马上变或逃者，第三人则变成新的追者。反贴增加了游戏的多变性、趣味性，对学生的起动、制动、反应要求更高。注意：只有逃者贴实之后，新的追者才能追；“追”与“逃”的相互转换中没有缓冲时间。

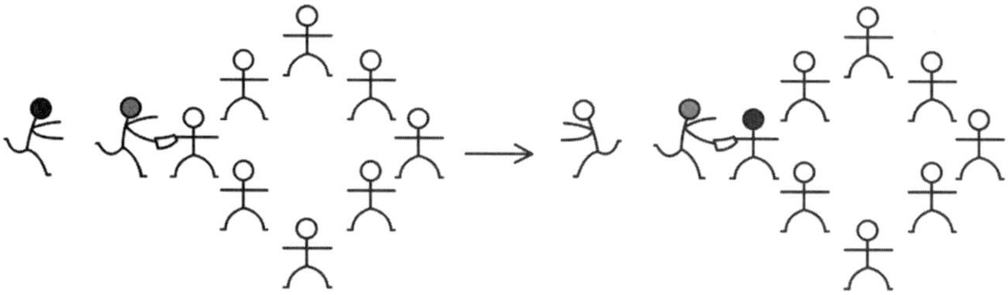

图 3－9

2. 读秒

追者必须在规定时间内快速贴人，以 10—15 秒倒计时（可让全体参与者同时喊秒）为信号，这样可以逼迫逃者快速站位，避免两个人始终处于追跑状态而使游戏难以结束。读秒使逃者不能跑离圆圈队伍太远。指导者应提醒学生要尽量多地替换，这样其他同学参与的机会也会增多。

3. 串门

所有队员分成两大组，站成两个圆形，队员可以在两个圆之间串门，这是一种完全打破常规思维的游戏方法。在游戏中，逃者可随意贴在圈上同学的任意一侧，从而给追者带来考验。追者要想机智地抓到逃者，不仅需要跑动迅速，还需要运用智慧和战术。游戏也可以选用其他图形来进行，如四边形、三角形等，这样可以大大提高游戏的难度，并增加学生的参与兴趣。

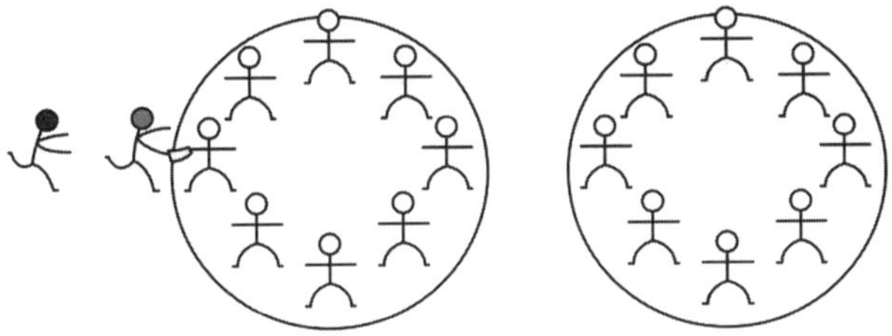

图 3 - 10

4. 次数

为了加快游戏节奏，可规定追者和逃者完成任务的时间。如追者必须在逃者完成 10 次的贴、跑交替成功前抓住跑者，否则将受到一定的惩罚。

5. 范围

通过调节限制双方的移动范围，达到不同的训练目的。可规定在圈内和圈外移动。

6. 真假

逃者准备贴人的时候，要大声喊“真贴”或“假贴”，真贴就一定要贴，假贴就要马上跑开。

7. 答题

逃者可以在跑动过程中向追者提问题，所提问题是大家都能回答的常识性问题。追者必须回答问题，如果真的不知道答案，就回答不知道。一问一答的目的是让追者分散注意力，为逃者争取时间，让追逃更加有趣。

8. 女权

在游戏过程中出现男生抓女生的情况时，被抓女生在每一轮中均有一次自救机会，她可以在任意时间喊“停”，届时男生（追者）必须停下来，女生可向任意方向再走5米。这个方法不但可以缩减男、女生运动能力的差距，而且在很大程度上提高了女生参与游戏的积极性。

四、追逃

1. 模仿秀

逃者可以做任何动作，追者必须有效模仿才能将其抓住。这种方法有利于提高学生的创造性思维，使紧张的游戏增加了浓厚的趣味性，常常会让在一旁观看的学生捧腹大笑。

2. 换角色

逃者速度快，追者速度慢，逃者戏耍追者或者故意整蛊某个同学，会导致运动量不平均、同学关系不和谐等问题。此时，教师可以使用本规则，适时发出信号，使追逃角色转换，这样就可以有效解决问题。

3. 指人为逃

在双圈基本玩法的基础上，逃者“贴”时，可指向左边、右边或后边的任何一个同学，被指的人变成新逃者，原来的逃者补位。逃者一定要在接近站者时才能指。

4. 成功着陆

逃者贴人之后要马上做一个动作，如转身360度，收腹跳一次，下蹲，击掌，鞠躬，手抓鼻子，手抓耳朵，举起双手，等等，这样才能解脱。

5. 成语接龙

在任何一种玩法的基础上，逃跑的学生在与圈上任何一名学生进行角色互换时，将口中所喊的“贴”字变成一句成语。这个规则可以让学生充分运用成语来为游戏增添趣味性。

6. 男女有别

随着年龄的增长，男女的反应、速度、力量等身体素质的差异变大。因此，为达到练习效果，体现公平性，游戏应规定：男生不管追还是逃，必须将一只手背在身后。也可以将男女分成两大组进行游戏。

7．多人单贴

在基本玩法的基础上，教师可以根据学生人数和场地的实际情况，逐渐增加逃者和追者的数量。但这样做容易使追者混淆目标，因此逃者一定要不时呼喊追者的名字，并及时告诉追者新的逃者是谁，以便让游戏有序进行。

8．牵手双贴

二人左右站为一组，所有的组固定位置，围圈。圈中间有四名同学，二人牵手跑为逃者，二人牵手追为追者。逃者可以贴在圈上任何一组同学的前边，后边的同学迅速牵手跑开。逃者若被追到，则双方角色互换；逃者的手若分开，那么双方也互换角色。

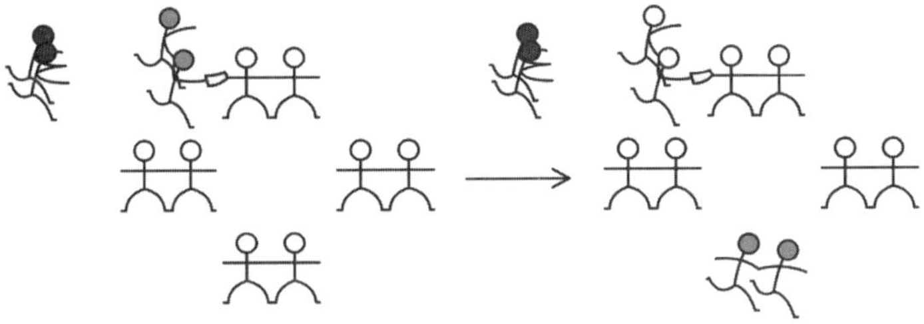

图 3 - 11

9．三追三贴

3 人前后站为一组，所有的组固定位置，围圈。圈中间站 6 名同学，3 人牵手跑为逃者，3 人牵手追为追者。逃者可以贴在圈上任何一组同学的前边，后边的 3 名同学迅速牵手跑开。逃者若被追到，则双方角色互换；逃者的手若分开，那么双方也互换角色。

10．这是我家

在限定的活动范围内，每个人各有一个呼啦圈（或者用粉笔在地上画个圈），并站在里边。此外，要选出两人，一人扮小猪，一人扮大灰狼。游戏开始，被追的小猪可以跳进任何一个人的圈里说："这是我家。"原先圈中人则被挤出来，变成新的小猪。如果大灰狼连追 5 个小猪还没有追到，就需要接受惩罚，如蹲跳 5 下，蛙跳 3 次，单脚独立 10 秒。

变化：不得成三。两人一组，并肩站立，各组之间有一定距离，逃者站在左边喊："这是我家。"那么右边的人就变成新的逃者。

不得成四。3 人成一组，并肩站立。左右两人牵手成猪窝，中间的人是小猪，当被追的小猪挤进猪窝并高喊“这是我的家”时，原来猪窝里的小猪被挤走，游戏继续。

五、动作位移

1. 走

游戏规定只能走时，就不能跑，可以大步快走进行追逃。注意：贴的时候要大声叫：“贴!”叫了就要贴。追者触到逃者的任何部位都算抓住。还有很多走法，如鸭子走、矮子走、后退走、疾走、竞走、脚尖走、脚跟走、内八字走、外八字走、企鹅走、侧横步走、侧交叉步走等。

2. 跑

有小步跑、高抬腿跑、车轮跑、侧滑步跑、后退跑、后踢腿跑、跑跳步跑等。

3. 跳

跳包括单脚跳、双脚跳、动物跳、侧滑跳、同手同脚跳、交替单脚跳、双脚并步等跳，游戏时可以根据需要进行改变，如用单脚跳的方式进行追逃，每只脚必须跳 3 次以上才能换。

4. 限制

背手：追逃者必须把一只手背在身后，用另一只手进行游戏。扶腿：一只手放在大腿上进行追逃。其他限制还包括双手举高、胸前交叉、听到问题要回答等。

5. 持物

可用手拿、肩扛、头顶、背、抱、抬、举、提、负重、拖拉、推送等方式持物，这样可以增加游戏的难度和趣味性。教师要视学生的情况选择适合的器物。

运篮球：学生一边拍球，一边闪躲，保持拍球状态。跳绳：学生边跳绳，边躲避。运足球：学生边运球，边躲闪。

第四章　纵横交错任我行

叫号跑

基本玩法

四列横队，前后左右相隔2—3米。各排从左到右报数，每个人报的数就是自己的号码。教师叫号，被叫到的同学按逆时针方向，绕着本队所有同学跑一圈回到原位。

游戏价值

叫号跑方法简单、易于操作，场地随处可用，形式多样，变化无穷。学生在游戏中会感到紧张刺激、奇妙无比。游戏可以锻炼学生的安全意识、交通意识、注意力、反应能力、奔跑能力和各项身体素质，很受学生欢迎。

游戏变化

一、信号

1. 唱出数字

直接喊出数字是最基本的做法，比如10号跑，2号跑，3号跑，5号追，6号、7号拉手跑，4号背着5号跑，等等。在此基础上，还可以唱出数字。

2. 听声看图

教师用哨子吹出哨音，有几声哨音就是数字几；用图画或卡片显示角色、颜色、物类等隐含数字；用手发出不同次数的掌声；用脚踩地次数或者敲小鼓的次数来确定最终次数。学生听清辨明后立即行动。比如：老师吹哨，“嘟嘟嘟”是3号，“嘟嘟嘟嘟嘟嘟嘟嘟”是8号；每组学生从不同颜色的布条中随机拿一条系在手臂上，或拿一张颜色卡片代表自己，教师喊颜色，被叫到者跑。

3. 肢体语言

不同的肢体动作代表不同的数字，如：1—立正、2—稍息、3—蹲下、4—趴下、5—起立、6—向右转、7—向左转、8—向后转、9—跳一下、10—拍下手。老师做动作，学生判断，然后行动。

变化：用手比出数字，可用单手、双手，或手脚并用；用篮球裁判手势比画出号码；老师做动作，学生跟做，并计算动作个数。

4. 学科融合

语文：教师说一个汉字，学生思考该字有多少笔画。如：教师问“王”字有几画？答案为 4，则四名同学组团抱在一起。教师还可以说一句话，让学生答该句话由几个字组成。如“爱拼才会赢”是 5 个字，则 5 号同学行动。教师还可以利用带数字的句子、成语、词语进行叫号。比如：故人西辞黄鹤楼，烟花三月下扬州；两个黄鹂鸣翠柳，一行白鹭上青天；三十功名尘与土，八千里路云和月；八仙过海、九牛一毛、五颜六色等。

数学：根据学生的水平，教师提出不同的数学运算问题，让学生快速计算并立即行动。如 2＋5＝？答案是 7，则 7 号行动；如 2×3＝？答案是 6，则 6 号行动。还可以凑数，教师伸出的指头数和学生号数加（减）起来等于某数，则该号学生跑。

英语：教师用英语说数字；用英语提问简单的加减法。如：What is two and three? 答案是 5。教师讲一个英语单词，学生思考这个单词由几个字母组成。如：banana 由 6 个字母组成。教师还可以让学生发指令，因为学生更了解学生彼此间的水平，也更能理解同伴的指令。教师应注意学生的水平、理解能力，恰当地发出信号，否则会影响游戏效果。

5. 故事大王

讲故事。如：有一天（1 号跑），10 只猴子（10 号跑）在抢 9 根香蕉（9 号跑），结果有 2 只（2 号跑）抢到 3 个（3 号跑），有 4 只猴子没有抢到（4 号跑），气得（7 号跑）上蹿下跳。这种故事中隐含着数字，可以让学生既沉浸在故事中，又要及时做出反应，游戏效果很不错。

6. 有效信号

教师应在游戏开始前规定什么是有效口令，只有发出有效口令时，大家才能行动，否则算违例。比如规定“N 号跑、N 号跳、N 号走”等带动作的口令才是有效口令，只说“N 号”或只叫号、只做手势都是无效口令。

7. 我说照做

首先规定什么是有效口令和无效口令。有效口令为“我说……”全体跟说并跟做。无效口令没有“我说”。

游戏开始，大家竖起大拇指。教师发出有效口令，如“我说摇摇摇”“我说上”“我说下”“我说你真棒”。其间教师可以突然发出无效口令，如“摇摇摇”“上”“你真棒”，听到这些无效口令时，参与者就不能动了，否则要受一定的惩罚。

8. 十二生肖

按照十二生肖的排序，子鼠 1、丑牛 2、寅虎 3、卯兔 4、辰龙 5、巳蛇 6、午马 7、未羊 8、申猴 9、酉鸡 10、戌狗 11、亥猪 12，教师学动物叫或者做出动作，学生快速反应并跟做动作。

9. 只认字数

教师说一句话，不管说了什么，学生只需按照教师这句话中字数之和行动即可。例如，跑（1 个字），准备（2 个字），7 号跑（3 个字），2 号追 5 号（5 个字），大家做好准备（6 个字），我准备喊 10 号了（7 个字）。

10. 分角色跑

教师为学生或小组分配角色，比如猫和鼠、警察和小偷、官兵和贼、狼和羊、狗和兔等。游戏开始，教师可以发出单个角色的信号，比如老鼠、羊等，被叫到的同学按照规定线路跑。教师也可以叫组合参与游戏，比如狼和羊，这时需要狼追羊跑，按照线路完成任务。

11. 大风吹跑

教师可以按照学生的外貌、衣着等特点进行叫号，如“大风吹，吹到谁，吹到戴眼镜的（穿白色鞋的、头发长的、穿短裤的……）”。被吹到的学生沿着要求的线路跑。还可以让学生随机拿一些小物品作为特征，比如小纸片、乒乓球、夹子、毽子、气球、充气棒等。

变化：大风吹可变小风吹，让学生做出相反的动作，如吹男生，则女生跑。或者增添飓风吹、狂风吹等。还可规定各种移动方式，如单脚跳、走步等。

12. 大小西瓜

说大比小，说小比大，动作夸张迅速。老师说“大西瓜”并用双手比画一个小西瓜，学生回答“小西瓜”并用双手比画一个大西瓜，速度逐渐加快，错了的就要跑。

变化 1：两人一组，面对面互相比画，像猜拳一样；一排学生，一个接一个比画，错者受罚。

变化 2：大小人物，大人物下蹲缩身，小人物跳高伸双臂。

变化 3：天地鼻，“天”举起手，“地”手扶地，“鼻”双手放在鼻子前。教师边说边做，以说的为准，如果教师说的是天，而做的是地的动作，大家就必须做天的动作。

二、动作

1. 牵手

教师同时叫两个号或多个号，被叫者要一起拉手跑，排与排的间距要稍微大一些。教师要提醒学生注意安全，遵守规则，注意团队合作。

2. 耍猴

教师依次叫两个号，第一个号牵第二个号的手，第二个号做猴子搭凉棚的动作，并像猴子一样走路。

3. 背抱

教师依次叫两个号，第一个号背或抱第二个号。教师要注意两个学生的体重，提醒学生可以互换角色，尽力完成任务。

4. 骑兵

教师依次叫四个号，第四个号做骑兵，两脚踩第一、二号的手，双手扶着第三号的双肩，前三个号的手互相拉组成骑兵，四人按照要求的线路完成任务。

图 4－1

5. 追人

教师先叫一个号，接着叫第二个号，第二个号追第一个号。教师还可以继续叫第三个号、第四个号。教师在根据场地大小调整前后左右的间距，保证学生安全。还应注意叫号的顺序，横队站位要先叫大号，再叫小号，两个号之间不能相距太远。

6. 动物大会

教师让学生模仿各种动物的跑法或走法。如奔马（一边学马嘶，一边做奔跑动作）、大象走（手脚并用）、鸭子走、猴子跳、兔子跳、蛙跳、小蜜蜂飞等。还可以以双人、多人的形式进行，配上音乐更加精彩。

7. 素质练习

素质练习小步跑、高抬腿跑、前踢腿跑、后踢腿跑、跨步跑、后退跑、侧身跑、蛇形跑、僵尸跳、多级立定跳、兔子跳、矮子跑、推小车、鸭子走、跨步跳、后蹬跑等。学生会为了取得胜利而努力，教师应注意即时反馈，把握学生情绪，让学生有成就感。

8. 趣味练习

教师先明确移动线路，结合动作不断改变移动方式，让学生保持兴趣。移动的方式可以根据需要进行选择。比如趣味跑跑：合作跑（拉、拖、抱、背、扛、抬）、后退跑、走跑结合做动作、跑跳结合做动作等。比如快乐跳跳：单脚跳、双脚跳（如僵尸跳）、跑跳步、击掌跳、单双结合跳、追逐跳、双人跳、多人跳、绕人跳等。

9. 持物赛跑

教师可以让学生做背、抱、扛、推、拉、提、抛、托、顶、夹等动作，进行各种持物练习，这样既能锻炼学生的身体素质，又能增加趣味性。

10. 急救

教师给学生进行1—5编号，然后让学生在场地内自由移动。教师喊出一个号，对应号码的学生立刻生病倒地，其他四人即刻组成“担架”救人，将“病人”抬至“医院”(海绵垫)。

三、队形

1. 横队纵队

根据学生人数和年龄，将队伍变成四列横队、六列横队、八列横队等，相隔距离可以是2米、3米或5米等安全距离。如果有扩音设备，那么队伍可以有更大的间距，这也可以让更多人参与进来。横队转90度就变成了纵队，纵队和横队可以不停地变换。

2. 卫星定位

教师叫两个号，横排叫横X号，竖列叫纵Y号，结合各类位移方式，能让学生应接不暇，游戏效果更好。教师还可以直接定位到某个人，让被定位的同学按照要求进行各种各样的移动。还可以连续定位几个人，让他们进行跟踪追击。在游戏过程中，教师可以突然让所有没动的同学，原地向左或向右转。移动的同学要根据队形的变化完成任务。这时，有人容易在队形中迷失方向，因此必须给自己定好位。

3. 大圆站位

学生站在半径为5—10米的圆上，教师站在圆心指挥，学生以1—5、1—8、1—10号报数，听教师叫号做圆周运动，完成各种任务。大圆站位的好处是教师便于指挥，学生能看到其他人的表现。

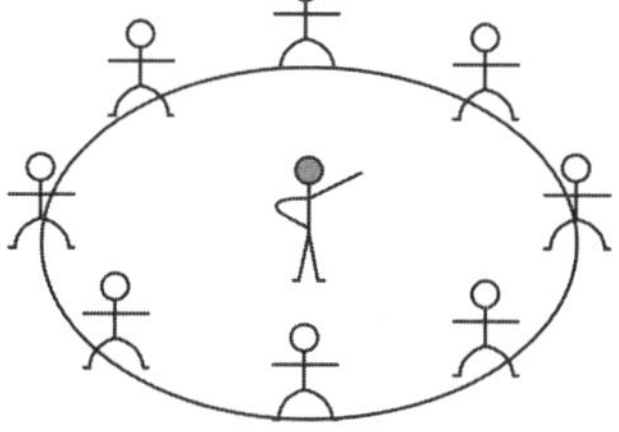

图4-2

4. 同心圆

在场地上画大小两圆，学生站在大圆上，将小圆作为目标。教师站在圆心指挥，学生以1—5、1—8、1—10号报数。听到教师叫号后，学生向小圆移动，并完成各种任务。任务包括用折返的形式进行换物、持物、组合、拼图等活动。

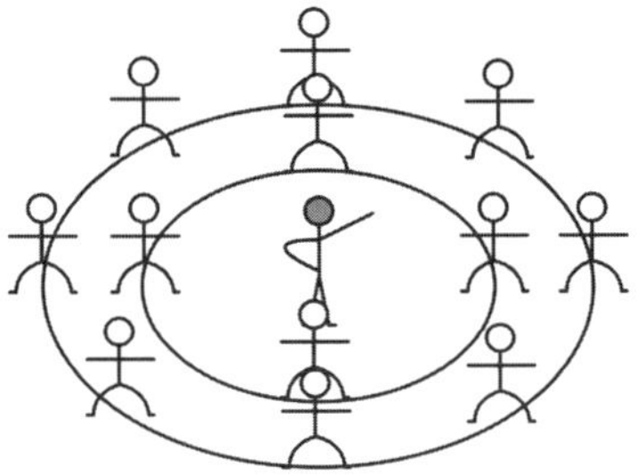

图4-3

5. N环站位

教师将学生分成N个组，每组8—10人围成圆圈，按照一定顺序报号。每个人都有固定的组名和号码，组与组之间间隔3—10米。教师喊号，学生听号后执行口令。比如喊号换位，被叫号者马上到其他组去。教师叫几个号码之后，学生的位置就会比较乱，此时教师可以喊“回家”，学生听后马上回位，等待新一轮的游戏开始。

6. 线路丰富

结合不同的动作变化，教师可以组织学生进行绕横排、绕纵排、绕集体、S形圆上追逐、同心圆折返等活动，让学生应接不暇，兴趣盎然。

四、任务

1. 叫号运球

N列横队或N路纵队，学生每人一球在原地进行高低运球，听到叫号迅速启动，线路可以为绕一排人回到原位，也可以进行S形绕人运球。

2. 叫号传球

环形站位，学生进行叫号传球活动。每人记住传球对象的号码或者名字，每次都必须传给他，不能传给其他人。先由一个球开始，待大家熟悉以后，加至 2 个球、3 个球。传球活动能培养学生全神贯注、全情投入的品质。

3. 叫号扶杆

5 名学生先进行 1—5 报数，然后采取同心圆站位，两圆半径相差 3—8 米。2—5 号站在大圆上，1 号站小圆扶 1.8 米长的杆，被叫到号者与 1 号换位，并扶杆使其不倒。接着教师再叫其他号与扶杆者换位。连续进行，倒杆者要接受惩罚。

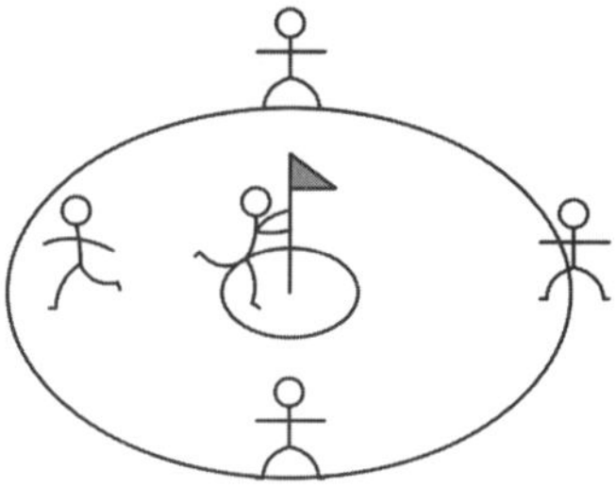

图 4 - 4

4. 叫号抢包

学生站在大圆上，在小圆内放几个沙包。学生在圆上慢跑并做动作，比如扩胸、臂绕环、转体、踢腿等，听到教师的叫号，马上到小圆抢沙包。教师每次放沙包的个数要少于抢的人数，也就是说每次都有人抢不到，抢不到的人要接受惩罚，这样更加刺激，学生更有兴趣。

图 4 - 5

变化 1：叫号抢宝。教师将全体学生均分成 4 组，每组 8—12 人，面向圆心站成圈，然后报数，这样每人都有一个号。在每个圆圈中央放一“宝物”。游戏开始后，教师随机叫号，如 3 号，则 3 号从圈外跑一圈后再跑向圆心抢宝。

变化 2：叫号接包。10 人一组，依次报数，每人记住自己的号数，通过猜拳或指定选出一人先扔沙包。游戏开始后，扔包人朝天垂直扔出沙包，并且叫号。被叫到号的人要快速去接沙包，如果在落地之前接住沙包，那么他可以继续扔包叫号。如果他没接住沙包，则应立即拾起沙包，与此同时，其他人应赶快向四处逃跑。当被叫号者拾起沙包后即可喊停，其他人都必须立定。然后，持包人可用沙包去投击任何人，一旦击中，则被击中者扔包叫号；否则，持包人被判失误一次，继续扔包叫号。失误三次者要表演一个节目。

注意：扔沙包叫号时，沙包要尽量垂直扔得很高，叫号声必须大，不得低声含糊；听错号去抢接沙包者，算失误一次；当持包人准备击人时，被击人可以做弯腰、下蹲或单脚移动等躲避动作，但不得移动双脚，否则算失误一次。

5. 绕人传球

游戏者采取三个同心圆站位，三个圆半径相差 3 米、6 米、9 米。游戏者 1—5 报数，2—5 号站大圆，将足球放在大圆和中圆之间，1 号站在小圆内准备接传球。被叫到号者马上将球运到小圆给 1 号，1 号再运球到外圆将球归位后与被叫号者换位。连续叫号，连续进行，可在此循环的基础上进行各种改进和尝试。

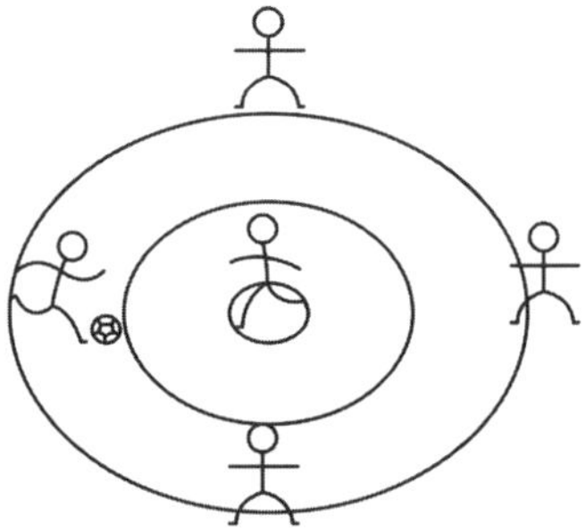

图 4 - 6

6. 叫号追逃

游戏者先 1—4 报数，然后把彩虹伞抛起，此时教师发令，如："4 号追 2 号！" 1 号和 3 号扯伞继续转动，4 号则去追 2 号，可以在伞内追，也可以在伞外追。当伞降至无法跑动时，追逃结束。追到的得一分，被追到的扣一分，最后积分最多的可向积分最少的点节目。

7. 换位跑

当大家把彩虹伞抛起的时候，教师发令说："女学生们换位!"这时，男学生仍拉住伞沿，女学生松手，从大伞下面跑至对面，与对面的女学生互换位置；接着全体学生再将伞抛起，教师再发令请男学生换位跑。熟练后，可连续高抛并让男女学生交替换位跑，也可以让全体1—4报数，然后进行叫号换位跑。

8. 抢球跑

教师将学生分成两组，学生围圈坐下，依次报数。圈中间放一个小球。游戏开始，教师喊号，比如："5号!"这时双方的5号队员必须立即去抢皮球，抢到皮球的为追者，没有抢到的为逃者，大家拍手唱歌，追逃开始，追者在大家唱完歌之前追上逃者可得一分。接着教师再喊号，游戏重新开始。最后得分多的队胜，输的队表演节目。

9. 三拍六笑九摇头

全体学生围圈面向圆心站立，从任一学生开始进行报数，凡报3、13、23……的学生以拍掌来代替，报6、16、26……的学生以笑声代替，报9、19、29……的学生以摇头代替。游戏进行时要衔接顺畅，不能停顿。等大家熟悉规则之后，可以用其他动作来代替拍手、笑、摇头。做错的人马上跑到圆心，大声地对所有人喊："对不起，我错了。"然后回位。

10. 水果抢位

全体学生围圈站立，然后1—5报数，并被赋予苹果、香蕉、葡萄、菠萝、芒果五种水果的名字。教师问任一学生喜欢吃什么水果，被问者如回答"我喜欢吃苹果"，则所有代号为苹果的学生争抢与其换位。

五、操作

1. 教师指定

教师事先安排几个学生做好准备，待教师操作几轮之后由学生来操作。学生的变化幅度要大，旨在给其他学生鼓励，让他们觉得自己也行，目的是引导学生进行思维拓展。

2. 大风吹出

针对学生胆小、怕出丑的情况，教师可利用大风吹游戏选学生，大风吹到谁，谁就来组织游戏。不过教师要事先向学生讲好如何组织，否则会冷场，耽误时间。

3. 毛遂自荐

教师应鼓励创新，让学生大胆尝试，努力自荐。

4. 典型引领

教师应深入了解学生，对学生的特长、爱好了如指掌，这样才能让有才艺、体育技能的学生一展风采。在开始游戏前，教师应领着大家进行练习，然后突然叫号。

5. 决定胜负

每一轮的胜者或负者出来主持下一轮游戏。起初，教师先给出具体的程序，待学生适应后，再让他们根据自己的理解进行变化。

6. 师生合作

逛花市。全体同学坐成一个圆圈，主持人在圆中。每个同学说出一种花名并写在手上，主持人牢记每个同学说出的花名。游戏开始，主持人向任意一名同学发问："你喜欢什么花?"回答者任意说出两种花名，如牡丹和梅花。那么，手上写了牡丹和梅花的两个同学，要迅速站起来跑到回答者旁边坐下。原来回答者旁边的两人和主持人争抢"牡丹"和"梅花"原来的位置。没有抢到的，成为新的主持人。游戏始终是三人抢两个位置。

变化1。如果被问者回答"所有的花都喜欢"，那么全体同学包括被问的人在内，都要起身换位置。同时规定，不得临近换位，至少间隔两个位置以上的换位才有效。

变化2：名称变化。

小画家：每人说出一种颜色的名称。

逛超市：每人说出一种货品的名称。

数字拼盘：每人说出一个数字，而数字的范围应该设限。

太阳系：每人说出一个太阳系星球的名称。

星座之旅：每人说出一个星座的名称。

动物园：每人说出一种动物的名称。

植物园：每人说出一种植物的名称。

历史名人：每人说出一位历史名人的名字。

菜市场：每人说出一种蔬菜的名称。

运动会：每人说出一个项目的名称。

学生在这样的游戏过程中，不仅锻炼了身体，融洽了和同学的关系，增进了的友谊，而且将多学科学习融合在一起，在玩耍当中学习了文化知识，扩大了视野。

六、游戏前

1. 带动唱

教师播放《小苹果》《最炫民族风》《我们不一样》等歌曲，让学生跟着节奏舒展肢体，进行热身或跳舞。

当学生沉浸在优美的乐曲中时，教师突然叫号，开始游戏。

2. 练技术

教师可以让学生在原地练习田径项目技术（如跑步中的摆臂练习）、各种球类技术（如乒乓球的挥拍技术、羽毛球的击球动作等）、武术动作（单个动作或几个动作的简单组合）。

3. 练素质

游戏开始之前，教师让学生做蹲起、跳起拍掌、弓箭步交叉跳、立卧撑、原地高抬腿等素质练习项目，然后突然叫号。被叫者要快速行动，其他人同时停止练习。

4. 行进间

圆形站位，学生沿着线做圆周运动（慢跑、慢跑＋徒手操、齐步走、滑步等）；N 列横队站位，学生进行队列练习，教师突然叫号，调节氛围。

5. 起跑式

学生在叫号前可以采取蹲、坐、躺、撑、站各种姿势，或面向不同方向，听到或看到信号后马上采取行动。

（1）俯撑起跑

先做俯撑动作，听到信号后立即起身奔跑。

图 4－7

（2）脱缰野马

二人前后蹲立，后面的人轻轻抱住前面的人。前面的人听到哨音后，立即往前冲出起跑线。

图 4－8

（3）坐姿起跑

双脚并拢，面向或背向起跑线坐好，听信号起跑。

图 4－9

（4）仰躺起跑

仰躺于起跑线处（可以头在前或脚在前），听口令起跑。

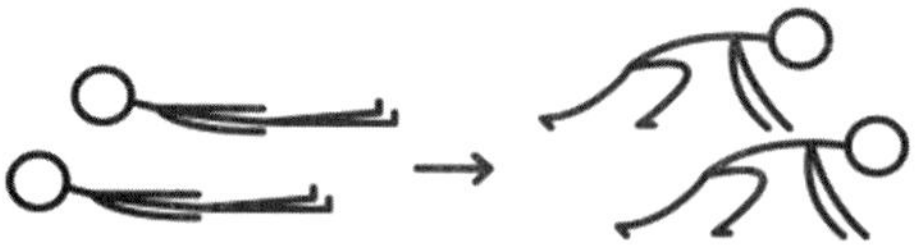

图 4－10

第五章　闻声聚众志成城

喊数抱团

基本玩法

学生沿圆圈慢跑，教师随机喊出一个数字，学生听到数字后，立即与临近的同伴按该数字人数抱成一团。没有抱团成功的同学算失败。

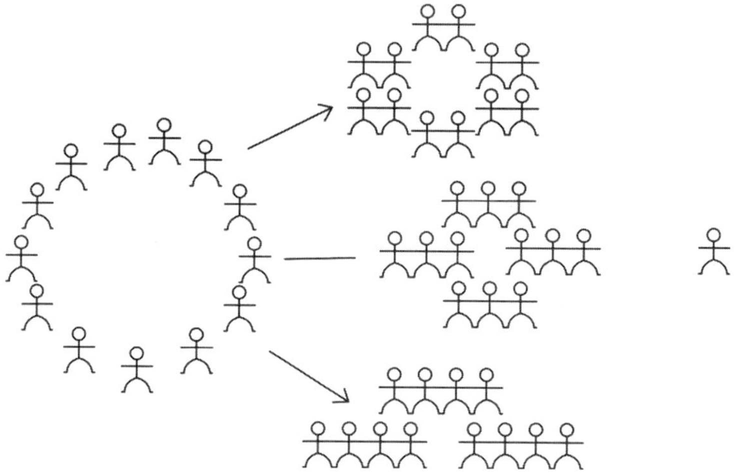

图 5 - 1

游戏价值

喊数抱团简单易操作，形式多样，可以增强学生的注意力，发展学生的分析、判断及快速反应能力并增强灵敏度。另外，与其他学科融合的玩法可以巩固其他学科的知识。游戏融合校园环境可以培养学生的观察力，融合生活情境则可以丰富学生的生活常识。

游戏变化

一、名称

1. 大风吹

学生围成圆圈慢跑，或者在场地内自由穿行，边运动边进行师生对话。

师：大风吹。

生：往哪儿吹？

师：往东吹（四面八方均可）。

生：吹几个？

师：吹 N 个。

生：吹到哪了做什么？

随后教师要说出任务，如：开花、造型、素质练习、手拉手、集体蹲起等。

2. 口香糖

学生围成圆圈慢跑，或者在场地内自由穿行，边运动边进行师生对话。

师：口香糖。

生：粘什么？

师：粘屁股（左手、右肩、双脚、头等）。

生：粘几个？

教师喊数字几，则几个人撅屁股贴在一起。

3. 去买菜

学生围成圆圈慢跑，或者在场地内自由穿行，边运动边进行师生对话。

师：王大妈去买菜。

生：买什么菜？

师：西红柿（大白菜、红萝卜、芹菜、西兰花等）。

生：多少钱？

教师说出钱数，如两块五（一个男生代表五毛钱，一个女生代表一块钱），则两名女生加一名男生迅速按照要求抱成团。

拓展：发红包。

师：同学们，请注意！（同学们，有惊喜）

生：什么事？

师：王老师发红包！

生：发多少？

教师说出钱数（一个男生代表五毛钱，一个女生代表一块钱），学生迅速按照要求抱成团。

4. 兔开会

学生围成圆圈慢跑，或者在场地内自由穿行，边运动边进行师生对话。

师：小白兔，白又白。

生：蹦蹦跳跳真可爱。

师：小白兔要开会。

生：几只？

教师说出数量，然后学生用兔跳的方式，按照要求的数量集中。这样的游戏可以对学生进行素质训练，运动形式还有僵尸跳、单脚跳、跑跳步、鸭子走等。学生在移动过程中可以发出各种动物的叫声，但要有不同的对白。

5. 百花开

学生围成圆圈慢跑，或者在场地内自由穿行，边运动边进行师生对话。

师：春天来，百花儿开。

生：开几朵？

师：开 N 朵。

学生马上按照要求抱团。

变化 1：做出动作。1 朵，一人双手放下巴处张开，做开花的造型；2 朵，两人做开花的造型；N 朵，N 人围圈做开花的造型。

变化 2：花儿几月开。二月兰花，三月桃花，四月牡丹，五月石榴花，六月荷花，七月水仙花，八月桂花，九月菊花，十月芙蓉花，十一月山茶花，十二月梅花。

师：春天里百花儿开。

生：谁先开？

教师说出花名（桂花、菊花、水仙花、梅花等），学生迅速按照要求抱团。

6. 动物园

通过情景模拟的方式进行游戏，大家一起游动物园，教师问动物园里有什么动物，某动物有几条腿等。

师：一起参观动物园。

生：看什么？

师：看大象（猩猩、鸵鸟等）。

生：有几只？

教师说有几只，则几名同学组团抱在一起。

7. 双面胶

师：双面胶。

生：贴贴贴。

师：双面胶。

生：贴哪里？

师：贴手心（后背、脚尖等）。

生：几个人？

教师说有几个人，则几名同学组团抱在一起。

8. 四季歌

师：春天到，百花开。

生：开什么花？

师：开桃花。

生：开几朵？

教师说开几朵，则几名同学组团抱在一起。

师：夏天到，知了叫。

生：在哪里？

师：在树上。

生：有几只？

教师说有几只，则几名同学组团抱在一起。

师：秋天到，果实熟。

生：有哪些？

师：有苹果（梨子、橘子等）。

生：有几个？

教师说有几个，则几名同学组团抱在一起 。

师：冬天到，雪花飘。

生：飘哪里？

师：飘湖面（河面、雪地等）。

生：有几片？

教师说有几片，则几名同学组团抱在一起。

9. 坐车回家

事先让学生熟记车型和人数：摩托车 2 人、吉普车 3 人、小汽车 4 人、出租车 5 人、小客车 6 人、卡车 7 人、公交车 8—20 人。

师：放学了，快回家。

生：坐什么车？

教师回答车型，学生按照车型数字抱成一团。

二、集合

1. 爱的呼唤

在规定范围内，教师将学生分成若干组，每组商量好集合信号，然后用眼罩蒙眼，被教师分别带到各处。学生通过自己队特有的信号呼唤同伴，集合之后拉手围圈，最快完成的队伍胜出。

2. 大小风吹

学生采取圆形站位或围圈坐，教师发出信号，学生根据信号换抢位置。

生：大风吹！吹什么？

师：吹长头发的人！

此时长头发者快速换位。

生：小风吹！吹什么？

师：吹戴眼镜的人！

此时戴眼镜的人快速换位。

换位时，坐凳子、席地而坐、蹲、站、围圈皆可，总之每人要有固定的位置。如果教师喊“回家”，那么全体恢复到初始队形。

3. 查户口

教师将所有学生分成6—8个小组，每个小组一路纵队，排头皆朝向圆心，最前面的同学为户主。警察居于圆心处，问各户主：你们家有几口人？户主可随机应变地回答，如：5口人，只有男人，只有戴眼镜的，除了我没别人，等等。不符合此户条件的人需立即投奔他户。此时，警察可以去抓逃走的人，被抓到的人就变成新的警察。

4. 快速集合

教师给出指令，让学生集结成N路纵队、N列横队。

学生按要求快速集中，然后以圆形线路慢跑。

经常这样做可以培养学生的团队意识和集体概念，使其能够快速地集合成各种各样的上课队形。

5. 速配同类

教师在活动中发出信号，学生按照指令立即行动，组成不同的小组或者队伍。

变化1：找同月出生的人、同一属相的人、同一地方的人、同一姓氏的人、同一血型的人、同一身高的人、同一体重的人等。

变化2：教师拿一盒扑克牌，牌的数量和人数相同，每种花色数量相同。游戏开始，教师用力将牌掷向空中，每人捡一张牌，按照花色组成小组，再按照号码排好队伍。

6. 心心相印

大家都蹲下来，然后听信号站起来。比如，教师喊“3”就要有3个人站起来，喊“2”，就只能有两人站起来，多站、少站都不行，如果出错就输了。如果站起来的人数刚好对，就为胜。如果站起来的人胜，那么没有站起来的人将受罚。如果站起来的人输了，那么他们将受罚。

7. 色彩分明

每人选定一种颜色作为自己的标记，教师喊出一种颜色，标记为这种的颜色人迅速行动集结成队。

8. 观察生活

以日常生活、周围环境中的事物或现象等作为提问的素材，答案中的数字即抱团人数。如，教师可以问：风扇有几片叶？汽车有几个轮？球场有几个人？蜻蜓有几双翅膀？螃蟹有几条腿？蚂蚁有几只脚？教室有几扇窗？等等。

9. 校园风光

情景模拟逛校园，教师通过问学生校园里某些物品的数量，来锻炼学生的观察力。如，教师说："篮球场上一共有几个篮球架?"如果答案是6，则6个同学组团抱在一起。还可以问下课时间有几分钟，操场有几条跑道，校园内有几座雕像、几棵树、几张凳、几栋楼等。

三、抱团前

1. 自由行动

所有人在规定的场地内自由走或慢跑，听到信号立即行动。

2. 围圈慢跑

所有人围成一个圆圈按照逆时针方向慢跑，听到信号后立即行动。

变化1：双层圆圈。内圈的人逆时针跑，外圈的人顺时针跑，抱团时不限内外。

变化2：沿场地线跑。学生沿着篮球场场地线（根据人数可用半场）、排球场场地线跑。

3. 我们同在

所有学生前后搭肩围圈，边走边唱《当我们同在一起》。歌词："当我们同在一起，在一起，在一起，当我们同在一起，其快乐无比。我对着你笑嘻嘻，你对着我笑哈哈，当我们同在一起，其快乐无比……"唱到"我"时做动作，第一遍下蹲，第二遍挠前人的腰一下，第三遍转身。在学生玩得非常愉快的时候，教师突然发出信号，学生立即行动。

4. 互相串门

每个人都有"家"（固定的位置），可以随时回家。教师发出指令，学生用跑的方式外出串门，与途中遇到的人打招呼（方式可以有多种，握手、击掌、对拳均可）。当大家准备回家的时候，教师突然发出信号，学生立即行动。

5. 热身

学生跟着教师做热身运动。全体参与 1—5 分钟，无须准备，不用器材。学生做的时候要面带微笑，合着音乐不断重复。

6. 自由运球

学生每人一球，在规定的场地内自由运球，听到信号后，按照要求立即组团。

变化 1：组团之后，每组集体原地运球 100 次，要求节奏一致、动作统一。

变化 2：小组一半人运球，一半人抢球，教师发出信号让有球和无球的学生组合，学生组团后可传球或模拟投篮。

四、抱团

1. 优美造型

教师要求各组根据人数以身体为元素用最快的速度完成一个造型，例如团体操造型、集体武术造型、开花造型、千手观音造型等。

2. 多脚怪兽

教师说出一个身体部位和一个数字，学生按照要求快速组成一个小组。如 5 人 7 脚，就要求 5 名学生有 7 只脚在地上。

变化：X 人 Y 脚 Z 手，X 人组团，Y 只脚、Z 只手在地上。如：5 人 6 脚 3 手，5 名学生 6 只脚 3 只手在地上。

3. 众志成城

学生按照要求的人数快速到报纸（呼啦圈、垫子）上拥抱在一起，如果位置不够站，那么可以采用背、杠、举等动作节省空间。要求大家亲密无间，互相紧紧相拥 60 秒，同时相互鼓励。

4. 心手相连

学生按要求的人数快速手拉手围圈，然后跳集体舞，先跳逆时针右交叉步，1、2、3，跳；再做顺时针左交叉步，1、2、3，跳。配上4拍的音乐，如《青春舞曲》，效果更佳。

5. 抢占阵地

在场地中间均匀摆放10张体操垫，学生围圈慢跑，听到信号后，马上跑到垫子处按照要求完成任务，否则只能接受其他练习任务。比如，3人胜利造型，3个同学马上跑到垫子处根据自己的理解做出胜利者的造型。没有抢到垫子的同学做10个俯卧撑或下蹲10次。

五、抱团后

1. 兄弟姐妹

学生左右搭肩围圈，头聚在一起并大声喊："我们是兄弟姐妹，我们是最棒的!"

变化1：跳起来。学生左右围圈搭肩，一起双脚跳，按照1、2、1、2的节奏向逆时针方向跳三圈，同时高喊口号："团结就是力量，这力量是铁，这力量是钢，比铁还硬，比钢还强!"

变化2：换位跳。学生左右围圈搭肩，一起双脚跳，按照1、2、1、2的节奏跟临近的组换位置。

2. 节目表演

游戏开始前就布置好任务，在抱团过程中，没组团成功的人要表演节目。节目要求简单、有趣、好操作，随时能够做出，例如：模仿秀，跳舞，唱歌，按要求做动作等。

3. 此起彼伏

所有人拉手围圈深蹲跳起20次，跳至最高点时齐声高喊数字。因为大家起跳的时机、滞空的时间、跳起的高度较难统一，结果是有起有落。

4. 按数练习

学生完成数字抱团之后可以进行集体力量练习，数量可以和抱团的数一致，也可以单独规定。如：上肢力量（俯卧撑、俯卧撑击掌、单臂俯卧撑、单腿俯卧撑等）、下肢力量（深蹲、单腿下蹲、双腿下蹲＋开合跳、背人负重蹲起等）、核心力量（仰卧起坐、单手直臂侧撑、屈臂侧撑等）。

5. 素质练习

学生完成数字抱团之后可以进行柔韧性练习，如立位体前屈、纵叉、横叉、侧抱腿等练习；或进行平衡性练习，如金鸡独立、燕式平衡、平板支撑等。

6. 技能练习

教师让学生以组为单位进行技能练习。学生可以进行篮球跳投、足球左右脚交替踩球、排球集体传垫球、羽毛球挥拍击高远球等练习。

7. 强势融入

抱团之后，学生紧紧拉手围圈，防止有人进到中间。落单的同学快速找到一组想办法进入，限时 10 秒，若失败则要受罚。

8. 抢占阵地

教师提前规定练习次数和运动量不同的阵地，学生抱团之后手拉手抢占阵地，然后进行运动，没有抢到阵地或者落单的同学要接受惩罚。

第六章　听号令你追我赶

长江黄河

基本玩法

在场地上画两条间距30—40米的平行线，以这两条线为边线（安全线），中间画两条相距1—1.5米的中线，将学生均分成人数相等的“长江”“黄河”两队，学生站在中线两侧。教师发出“黄河”或“长江”的口令，被叫到的为逃者，另一队则为追者。如果追者在边线内追上对手就算获胜，否则为负。

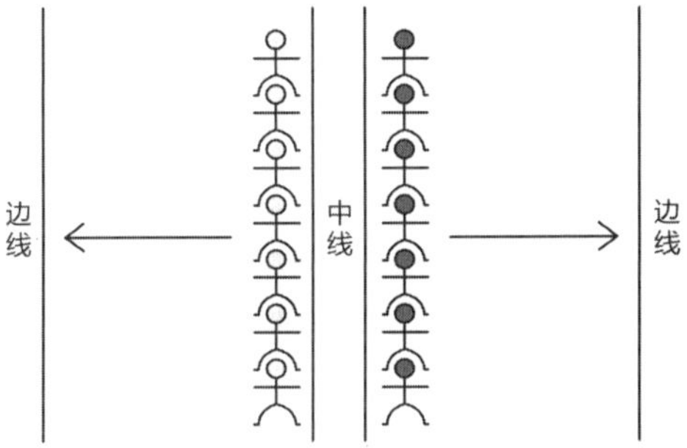

图6-1

游戏价值

长江黄河游戏规则简单，易于操作，是中小学常玩的游戏，游戏的主要目的是活跃课堂气氛，培养学生机智、果断的品质，发展其快速反应、奔跑和躲闪的能力。

游戏变化

一、信号

1. 指点江山

可以用嵩山、泰山、珠江、湘江、新疆、福建、昆明、青岛、百色、赤峰、桂林、长春、河南、河北、山东、山西、湖南、湖北、广东、广西等山河名、地名等作为信号。

2. 雨过天晴

游戏开始前，学生半蹲，快速做小碎步。然后教师开口讲话，当学生听到“雨”字的时候，一队跑，二队追；当听到“晴”字的时候，二队跑，一队追。

3. 数字替代

将“黄河”“长江”用“单数”“双数”代替，并可运用简单的加、减、乘、除法进行游戏，如教师喊“三三得九”，则单数组的学生跑，双数组的学生追。

变化 1：刚好相反。以反口令的方式进行游戏，如教师喊单数 1，实际双数 2 的人跑，单数 1 的人追。

变化 2：单跑双追。教师随便讲一句话，以总字数为判断依据，如果总字数为单数，则单数的同学跑，双数的同学追。

4. 真真假假

两组分成真话组和假话组，如果发出的信号是真话，例如草是绿色的，那么真话组跑；如果发出的信号是假的，例如猴子有 5 条腿，那么假话组跑。

5. 一堆前缀

教师在发出有效信号之前，会发出一串的干扰信息，学生要按要求做出动作，例如：抱头，扶肩，叉腰，拍臀，摸脚，跑！

6. 同音开头

两组沿中线面对面站立，一组叫黑白花牛，一组叫黑白花马。教师发出“黑白花牛”或“黑白花马”的指令，被叫到者逃，另一组追，不可以出安全线。被追到者表演节目。

变化：发干扰指令。如黑白花猪、黑白花羊、黑白花猫、黑白花豹等。

7. 猜拳赢跑

在基本玩法的基础上，两队相隔 3 米，用猜拳的形式比赛，猜赢的跑，猜输的追。在限定范围内被追上的同学要以蛙跳的方式回到开始的位置并继续比赛。

8. 抢答问题

在基本玩法的基础上，教师出题，学生抢答，谁先回答出正确答案，谁为追者，另一人为逃者。教师可以让学生背诵两句诗，算一道数学题，或回答一个常识问题。

9. 举手发令

教师的左右手代表两个队，在操作时要不停地改变方向，不停地抬起双手，但只有手举过头才算发出信号，没有过头不算数。

变化：教师举拳头代表“长江”的人跑，教师举手掌代表“黄河”的人跑。教师也可采用红、白两面旗或篮球裁判手势等。

10. 音乐跑

教师播放音乐时，学生跟着跳海草舞，并迅速做出握拳举双手的动作，最快完成的同学追，最慢完成的同学则跑。

11. 比比猜猜

两队学生可以比大小，比数字，比手指数，或猜数字，猜谜语，猜物品，猜位置（左右手等）。

12. 掷杯

教师准备一个塑料杯，扔到场地内，以塑料杯子口冲的方向来决定追逃。

二、场地

1. 中间一线

拍手抓人。中线变成一条，其与边线的距离缩短至 10 米。两队学生于中线两侧面对面站立，跑者两手掌心向下，追者两手掌心向上；跑者双手向下快拍并迅速转身跑出边线为胜，否则为输。

猜拳抓人。学生沿线面对面站立，同时做好追或逃的准备；1 对 1 猜拳，胜者追，输者逃，以过边线为胜。

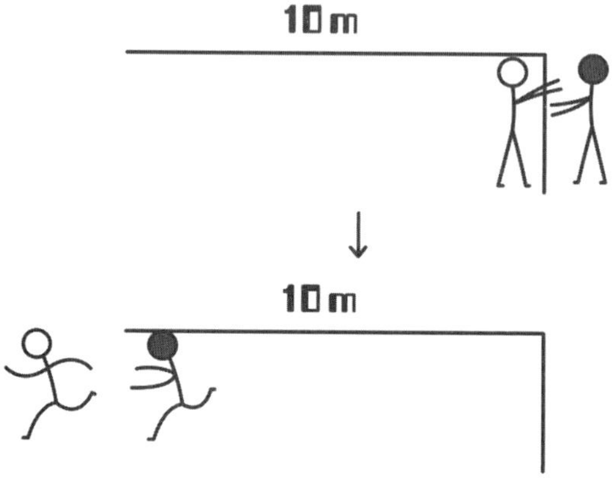

图 6 - 2

2. 中间两线

在基本玩法的基础上，中间线可以根据需要改变，一般的追逃游戏中线相距 1.5—3 米即可；如果要传球、垫球、运用器材或改变规则，那么两条中线的距离需要拉宽。

3. 中间三线

3 条平行线，间距 3—8 米，两队成员面对面或背对背站两边，将器材放在最中间的线上。听到信号后，两队成员快速跑到中间抢器材。

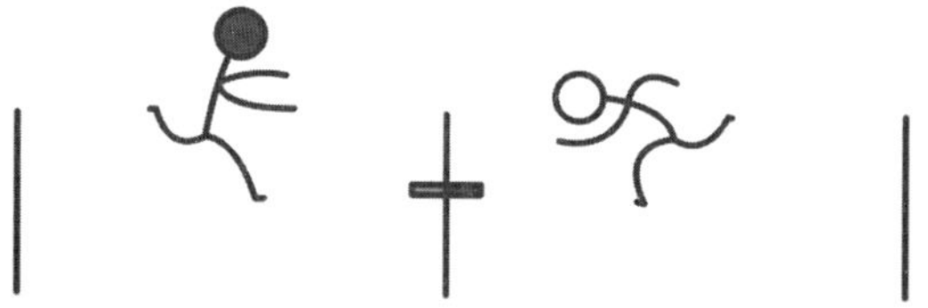

图 6 - 3

4. 圆形站位

惊弓之鸟。学生相隔 1 米站立并以 1、2、1、2 报数。老师喊 1，则报数 1 的学生快速跳向圆内，报数 2 的学生迅速去抓，看谁的反应快。被捉到要接受惩罚，比如做俯卧撑，给胜利者致意，沿着圆跑一圈，等等。

圆周追拍。学生以 1—5 报数，这样每个人均有一个 1—5 的号码，教师发令，学生听信号（单数、数学算式、几号追几号）追逃。追者与逃者绕圆圈追逃。

图 6 - 4

5. 抢占阵地

在方形场地内，用粉笔画 N 个圆圈（学生人数的一半），学生沿着方形边线站立，听到教师发令后迅速去抢占圆圈。没有抢到阵地的同学，围阵地跳 3 圈，边跳边唱“恭喜你呀恭喜你”。跳完之后，回到原位继续游戏。

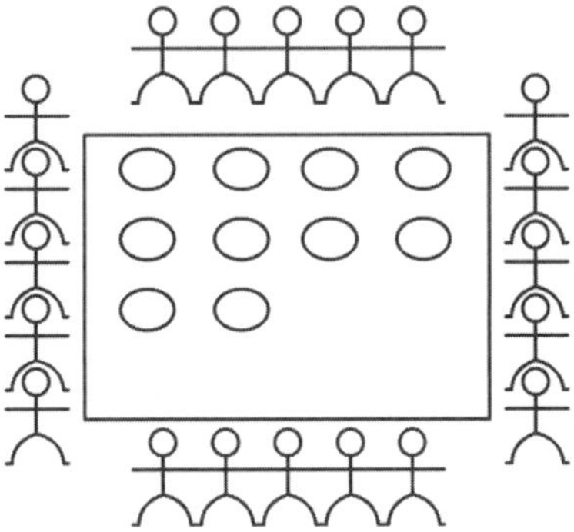

图 6 - 5

6. 不受限制

在任意一块场地内，规定边界，两人一组，一追一逃。追者站立不动，逃者前去拍追者的后背，手触到背开始追逃。在限定时间内，追者追上逃者为胜，否则为逃者胜，3 轮后交换角色。

三、技术体能

1. 球性练习

篮球。两组相距 3 米，面对面站立，教师播放动感音乐，学生拿球进行原地球性组合练习。音乐停止时，有球者追无球者；都有球或都无球，则进行猜拳，胜追输逃。

球性练习如：手持球绕头—绕腰—绕双脚；上抛—球落到腰间—瞬间抓住；弹地—下拍手—抓球；弹地—下拍手—上拍手—抓球；弹地—上拍手—下拍手—弹地—下拍手—上拍手—抓球。还可以加上拍腿、拍臀、转身等练习。

足球。两组相距 3 米，进行面对面原地球性练习。音乐停，有球者追无球者；都有球或都无球，则进行猜拳，胜追输逃。

球性练习如：前后左右踩球，前后左右两脚内侧控球，一拉一停，两脚扣球，内跨，外跨，绕 8 字等。

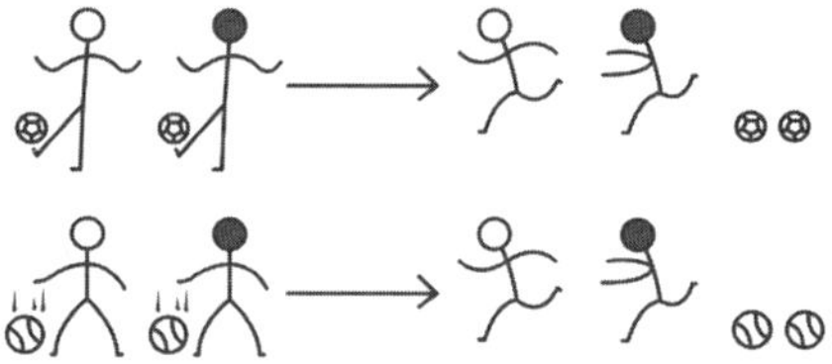

图 6 - 6

2. 运球追拍

篮球。两组相距 3 米，面对面进行原地运球（高低运球、前后拉球、左右运球、胯下 8 字运球、交叉步运球等）。一一对应，两人一组，听信号采用运球的方式追拍，追击范围为 8—10 米。

变化：可以追击对面的任何人。

图 6 - 7

3. 传球追拍

篮球。两队相距 3—6 米，面对面站立，两人一组进行各种传球。听到信号后，拿球者追，无球者跑，被球触到者输。追击范围为 5—8 米。

图 6 - 8

足球。两队相距 6—8 米，面对面站立，两人一组进行各种传球。听到信号后，无球者跑，拿球者踢球用球追人，追击距离为 5 米。

图 6 - 9

排球。两队相距 3—6 米，面对面站立，两人一组进行各种传球。听到信号后，拿球者追，无球者跑，被球触及为输，追击范围为 5—8 米。

图 6 - 10

躲避球。两队相距 8—10 米，面对面站立，两人一组进行各种传接球。听到信号后，拿球者掷球，无球者躲避或者接住。

图 6 - 11

4. 永不停歇

两人一组，自选伙伴。一人原地进行锻炼，比如：原地高抬腿，俯卧撑，立卧撑，平板支撑，等等。另一人跑动 200 米。听到信号后，双方开始行动，1 分钟后双方互换角色，完成 6 次或 8 次练习。

5. 跳绳追拍

两队相距 3 米，面对面进行跳短绳练习，听到信号后开始追逃，运动范围为 5—8 米。

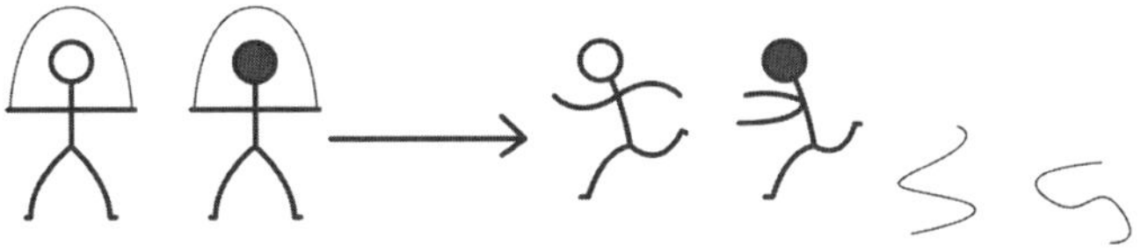

图 6 - 12

6. 静态起动

起跑前保持某一定型动作。

平板支撑：学生面对面成平板支撑姿势，听到信号后，开始追逃。胜者将获得奖励。

俯卧撑：学生面对面成俯卧撑姿势，间距 2 米，一手撑地，另一手进行猜拳，输跑胜追。

其他动作：以全蹲、半蹲、坐、跪、单脚支撑、双（单）臂撑地等姿势起跑，也可采用武术动作（弓步、马步、仆步、虚步和歇步等基本步型）起跑。

7. 动态起跑

起跑前保持运动状态，如原地高抬腿、后踢腿、摆臂、收腹跳、分腿左右跳等；也可采用行进间的起跑方法，如学生相向或同向而行时，当听到或看到信号，就按事先的要求进行追逃；还可以采用跳舞的方式起跑，如在音乐的伴奏下跳出 16 步，然后进行追逃。

8. 心有灵犀

基本玩法：每队两人一组拉手，听到信号后其中一组转身以单脚跳的方式进行追逃。

变化 1：追逃的方式还可参考其他游戏。

变化 2：人数可多可少，长江、黄河两组分别并排搭肩蹲在两线处，听到信号后用鸭子走的方式进行追逃。

9. 机智看背

两人一组，面对面站立，教师随机给每人的背上贴上一个号码。游戏开始，学生应在规定的时间内利用跳跃、转体、躲闪等灵敏动作，尝试去看对方的号码，先看到对方背上的号码者为胜。注意：不得用身体冲撞或者用手推拉对方，旁观者不得提示。

变化：两人互相摸背，互相踩脚，互相扯带子，互相撕名牌。

10. 拉人回家

两队面对面站在一条线的两侧，一一对应手拉手。听到信号后马上用力把对方拽入本方的场地，对方若被拉过来即成为俘虏。

升级：可以任意拉人，一起拉两人、三人都可以，规定时间内俘虏多的队为胜。

四、前期行动

1. 有移动

两队面对面站立，间距 3 米，教师发出信号：进 1 步（一队按教师手指的方向前进 1 步，另一队则后退 1 步）、退 3 步、进 5 步、退 2 步……再突然发出行动信号。

2. 有任务

听到信号后，每人摸着身前的雪糕筒转一圈，然后原地做 3 个蹲起，较快完成的跑，慢者追。

图 6 - 13

3. 做动作

两组面对面站立，听到信号后，原地并腿跳 4 次后猜拳，输跑赢追。追者若在 15 米内没有追到对手则为输。输者原地向上纵跳 10 次，然后两队继续猜拳。

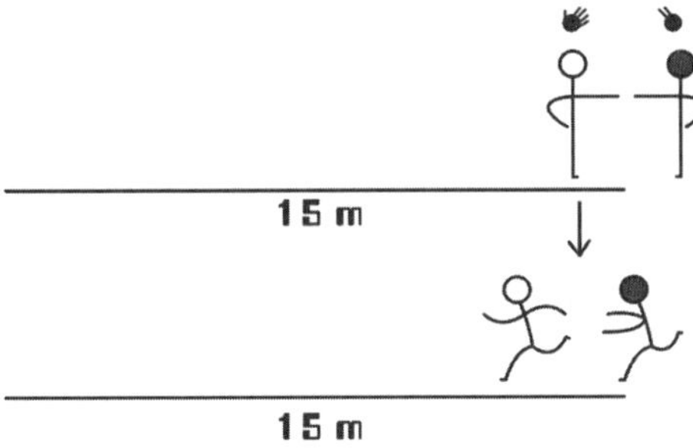

图 6 - 14

4. 传篮球

将学生均分成两组，相距 3 米面对面站立，排头学生均拿一个篮球。听到信号后，排头学生双手传球至最后一人，先完成的组跑，另一组追逐，在 15 米内追到者胜。

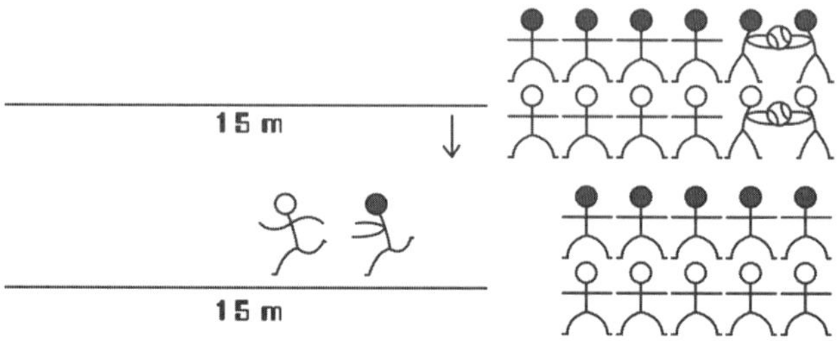

图 6 - 15

5. 抢标盘

将学生均分成两组，面对面站立，把标盘放在中间。教师发出各种指令，例如“用双手触摸自己的头”。一旦教师喊“抢”，一一对应的两人要尽可能快地抓住标盘，抢到者胜。

变化 1：没抢到标盘的马上转身就跑，抢到者追；没抢到者跑至边线即升级为追者，拿盘的变为逃者。

变化 2：每两人中间放红、黄、绿 3 个标盘，教师喊出某种颜色，学生就按照颜色去抢；教师若喊了两种颜色，学生则抢没喊的那个颜色。

变化 3：两人中间放一根软棒，抢到棒者追击没抢到者。

6. 一见钟情

两人一组做动作，一共有 3 个动作：面对面——一见钟情，背对背—翻脸无情，两人同向—自作多情。教师发出信号，学生则做动作，做对者追，做错者逃，可以自由切换，逐渐加快速度。

7. 照镜子

两人一组面对面站立，一人做动作，另外一个人模仿，动作要准确，方向要一致。鼓励学生做创新的动作，对追错逃。

8. 一一对应

两人一组进行 PK。事先规定好口令，如：手对脚、头对肩、耳朵对眼睛、肘对膝、口对鼻、屁股对肚脐。A 喊“手”，B 也跟着喊“手”，但要用手摸脚；A 喊“眼睛”，B 也喊“眼睛”，但要用手摸耳朵。错者逃，对者追。

9. 如影随形

两人一组，面对面猜拳，分出胜负，然后背对背站立，听到口令“1、2、3”后，二人同时向左或向右转身，猜拳输的人若与猜拳赢的人是相同方向，则输者成为追者，另一人逃。

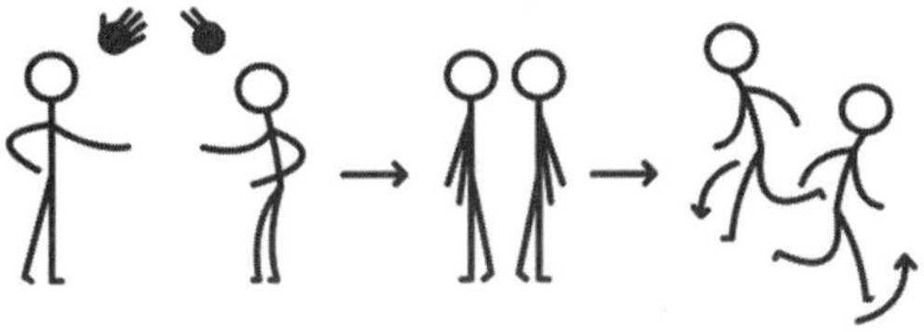

图 6 - 16

10. 猜猜猜

两人面对面猜拳，赢的人在背后伸出手指，输的人猜。答对了向前进，答错了则往后退。最先到达对方堡垒者逃，另一人追。

图 6 - 17

五、PK 方式

1. 岸上池里

在地上画一个圆圈代表“池塘”，大小能容下全体学生为最佳。圈外代表“岸上”，圈里代表“池里”。教师发令：在岸上或在池里。两组学生PK，根据指令行动，一组执行正常指令，另一组执行相反指令。每次发出指令后完成指令的得 1 分。N 轮过后，得分多者胜。在进出池塘的过程中，学生可以用身体阻挡对方进出，但不可以用手拉、扯、抱。

升级 1：教师发令的速度可以越来越快，也可以发出干扰指令，如：在池上，在岸里，在岸边，在池边，等等。

升级 2：口令＋内容。如：在池里金鸡独立 30 秒，在岸上平板支撑 30 秒，在池里进行自由泳 30 秒，在岸上徒手跳起投篮 10 个，等等。

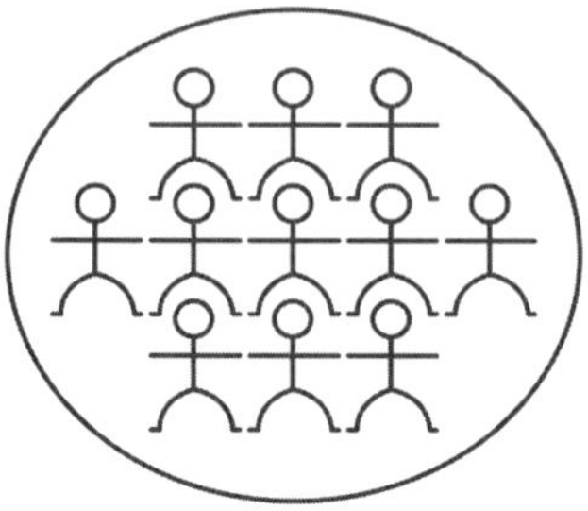

图 6 - 18

2. 拳路脚法

将全体学生均分成两列或四列，两两背对背站立。教师喊：“换。”横排之间可以任意换位，不限次数。教师喊：“停。”大家则突然转身用脚猜拳，输者表演节目。

变化：用手猜拳，赢的人喊：“比我大。”同时双脚跨开，输者要比赢者跨开的程度更大。

3. 谁是冠军

这是一个全班同学可以一起的玩跳左跳右的游戏。10—20 人站在一条线的左边，可以多条线同时进行。教师发令前说明类别，如水果、交通工具、食品、动物、家具等。在所发的口令中加一些非同类的，学生即时判断并跳跃，同类的跳到线的右边，不同类的不能动，跳错或行动慢者被淘汰，最后剩下的是冠军。

4. 赶球离开

在“日”字形场地的中线上放置一半人数的气球，学生均分成两队站在边线处。每人拿一根泡沫棒。听到信号后，学生快速跑至中线，用棒将球击到对方场地并赶出底线即可得分，得分多者胜。

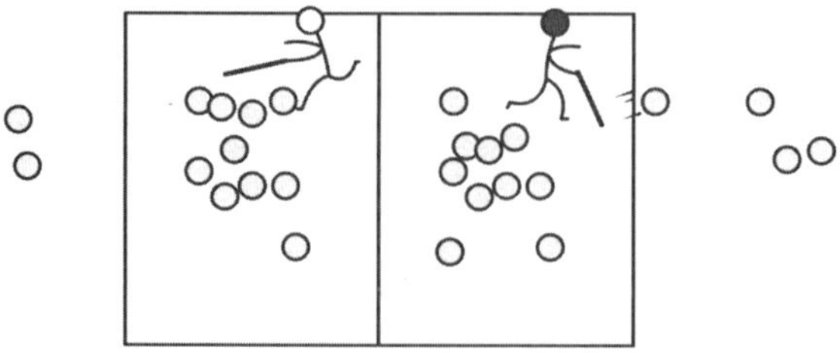

图 6 - 19

5. 当头棒喝

学生两人一组，教师在他们中间放一根长50厘米的泡沫棒。学生听信号后抢棒，抢到的可以用棒敲打对手的头。

6. 清理垃圾

在“日”字形场地内，散布数量相等的“垃圾”——小球、毽子、纸团等小器材。两队PK，在音乐中，两队通过蟹走或熊爬的方式，在场地内获得尽可能多的垃圾，将垃圾清理干净，收集垃圾多者胜。本游戏可以在收拾器材和体能训练时进行。

7. 鹊桥相会

两队站在篮球场两边底线处，听到信号后，一一对应跑到中线相会，完成教师布置的任务，如握手、击掌、跳转360度、俯卧撑、立卧撑等。

变化：不断地在第一个任务的基础上加新任务，并按照顺序做出来。

8. 击球过界

教师在场地上画一个直径为12—15米的圆圈，再画一条直径线，将3只实心球放在直径线上。学生分成甲、乙两队，各队可自行选出攻击队员，攻击队员站在自己的半圆弧线外，防守队员站在攻击队员后面拾球传递。给两队各分发3只少年排球（或少年篮球）。

听到信号后，两队的攻击队员即可用排球去投击中央的实心球，目的是使实心球过界滚到对方的半圆或滚出弧线，防守的队员则设法反击回去，力争使实心球滚向对方界外。在规定的时间内，以打出对方半圆弧线或停于对方半圆内实心球多的队为胜。

不许用手、脚挡踢被击中的球，违者判对方得1分；每击球出对方弧线一次可得1分。可将击出后的实心球放回中央线上继续投击。

9. 猜拳赛马

在地上画一条起跑线，在其正前方30米处再画一条终点线。游戏参加人数以4人为宜，每队2人，一人负责用脚猜拳，另一人当马。

双方当马的人站在起跑线上准备出发，负责猜拳的人相对而站，站在马的后面，同时在原地轻轻跳3下，边跳边说：“快马加鞭——驾！”说完第三遍“驾”时，两人都要做出“锤子、剪子、布”的任何一种动作（双脚并立为锤子，前后叉开为剪子，左右叉开为布）。锤子砸剪子，可跑20步；剪子剪布，可跑10步；布包锤子，可跑4步。胜者即可通知本方的马朝前跑相应的步数，每猜一次拳跑一次，先往返跑回起点的队获胜。

每次猜拳，获胜一方的马才能跑步，输的站在原地；每赛完一盘，各方的人可以轮换当马。

10. 我叫你追

两人相距3米，一追一逃。只有当逃者说“追”后，追逃才能开始，此前可以说很多“废话”。

变化1：我摸你追。玩法同上，逃者前面有个标盘，只有当逃者摸到标盘时，追逃才能开始。

变化2：我拿你追。玩法同上，在逃者前面放一个小球，只有当逃者拿起小球时，追逃才能开始。

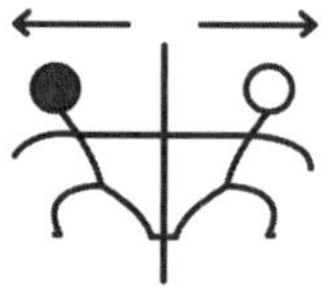

图 6 - 20

11. 小心翼翼

两人一前一后慢慢地沿直线前行，前面的人可以随时转身追，后面的人要小心翼翼地跟着，看到前者转身就迅速逃跑。逃者在一定距离内不被追到则为胜。

第七章　劳身苦心得滋乐

钻山洞

基本玩法

利用环境场地、器材、个人技巧、团队配合来构建成一个“山洞”游戏，学生听到口令后，按照规定钻进或者钻过“山洞”。

游戏价值

发展学生的灵活性，培养其勇于克服困难、挑战困难的意志品质，以及团结协作的精神和社会适应能力。

游戏变化

一、身体山洞

1. 手搭

两人一组面对面站立，双手上举搭在一起，形成一个山洞。两人可以自钻，双手不松开向同一个方向转体 360 度，也可以很多组排好形成一个长的大山洞，学生可以跑着或运球通过。

图 7 - 1

2. 拉手

两人左右站，拉手形成山洞。两人可以自钻，拉着的手不松开，两人同时或依次转体 360 度，然后恢复原状。还可以很多人左右拉手形成山洞，其他人进行 S 形钻山洞比赛。

图 7 - 2

3. 前举

纵队前后站位，双手前举形成山洞：每人弯腰将手臂前伸，手扶在前边人的背上形成山洞。

图 7 - 3

4. 搭肩

采取左右站位，学生互相伸臂把手搭到同伴肩上，形成山洞。

图 7 - 4

5. 脚搭

两人一组面对面坐在地上，双手后撑，双脚抬起相连形成山洞。因为这样的山洞比较矮，学生只能爬行通过，所以游戏最好在木地板、草地或垫子上进行。

图 7 - 5

6. 胯下

两脚左右开立，形成一个山洞。这个游戏可以两人一起玩，一人立一人钻，也可以多人重叠形成长山洞，人钻、传球均可。

图 7 - 6

7. 撑地

双手撑地，高抬臀部，每个人形成一个山洞。柔韧性好的学生身体还可以反撑做背桥，形成山洞，然后进行游戏。

图 7 - 7

8. 蹲跪

两人一组，下肢用蹲、跪、单腿跪、坐的方式，加上手臂就能形成各种各样的山洞。

图 7 - 8

二、材料山洞

1. 报纸

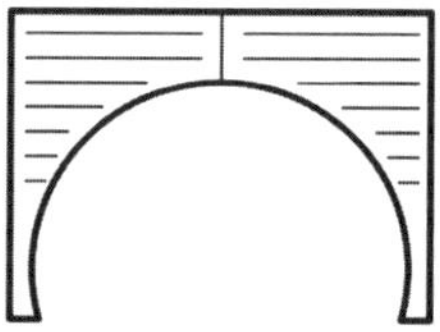

图 7 - 9

把报纸展开，剪去中间部分，形成一个山洞。在游戏场地上画两条相距 1.2—1.8 米的平行线。学生分成人数相等的四组，面对面站在平行线的后面。每组派两人用手抓住报纸的四角摆成山洞的样子。教师发令后，各组第一名同学迅速通过山洞，然后回到排尾，后面各组第二名同学用同样方法进行游戏。以先完成比赛而未犯规的队为胜者。不准将报纸撕破，在前面队员通过山洞后，下一组队员才能开始，不得抢钻，不要站错位置，各组队员必须站在画好的白线后面，不准踩线。

教师可以适当增加山洞的长度，以提高学生的练习兴趣；可以将报纸对折，增加难度；还可以让 4 人一组练习钻山洞，提高学生的灵活性和速度。

2. 跨栏

用跨栏做山洞，也可以把跨栏向一边倾斜，形成一个矮一点的山洞。游戏时，教师可以在场地上放 6—8 个跨栏，让学生单数钻栏、双数跨栏，分组进行对抗。针对小学生，教师可以采用泡沫板软式跨栏，这种跨栏高度可调，还有多种颜色，可以进行更多的游戏组合，如钻蓝跨黄、钻红跨蓝等。

图 7 - 10

3. 长绳

两队 PK，每队将 4 条长绳一起摇，形成山洞，人从中间穿过。游戏方式多样：单人依次钻过计时；双人拉手依次钻过计时；多人拉手一起通过计时。

4. 皮筋儿

将皮筋儿固定在地上，学生钻的时候将皮筋儿拉起然后钻过。向不同方向拉起皮筋儿，可以形成各种各样的山洞。

5. 垫子

用垫子摆成倒 V 形，用两张垫子互相支撑或用 3 张垫子摆成“门”形，可以搭成各种各样的山洞。

教师可以将全部学生分成 8 组，在离垫子 10 米处，每人持一个实心球，在起点处依次将球向“山洞”滚去，球顺利通过“山洞”者为胜者。起点至山洞的距离可根据学生的能力进行适当调整。

图 7 - 11

6. 呼啦圈

(1) 学生用呼啦圈跳绳，成功一次视为钻山洞成功一次。可以进行单人比赛或者团队 PK。

（2）一名学生将呼啦圈在地上滚起来，然后另一名学生随圈钻进钻出，看能钻多少次。

（3）将呼啦圈平着高高抛起，然后身体钻过降落下来的呼啦圈。

图 7 - 12

（4）将全体学生分成 4 人一组，每组用两个呼啦圈，将其中 1 个空圈放在前面。游戏开始后，4 个人拿着呼啦圈跳进空圈内，然后把手里的圈放到更远的位置（4 人都能跳进或跨进去），然后重复刚才的动作，先到目标线者胜。

7. 轮胎

将全体学生分成若干队，每队派一个人扶轮胎，其他人用爬、钻等方法钻过轮胎，有序进行。

游戏形式有：各队一个一个地钻轮胎，比速度；一个一个钻过摆放的轮胎进行接力比赛。

8. 梯子

在场地中间用 3 架梯子搭成山洞，将全体学生分成 4 组，进行钻山洞接力比赛。

变化 1：把横放的梯子架高，在下面铺垫子，让学生通过跳、抓、攀爬等动作钻过山洞。

变化 2：把梯子竖起来，形成多个竖立的山洞，可以让学生钻过某个山洞。

9. 袋子

用大大的、两头都有开口的袋子做山洞，也可以把很多袋子首尾连接起来，形成长长的山洞，学生以爬的方式通过山洞。

10. 大网

把一张大网放在草地上方，四角由四人把住，学生四肢着地从网下钻过去。

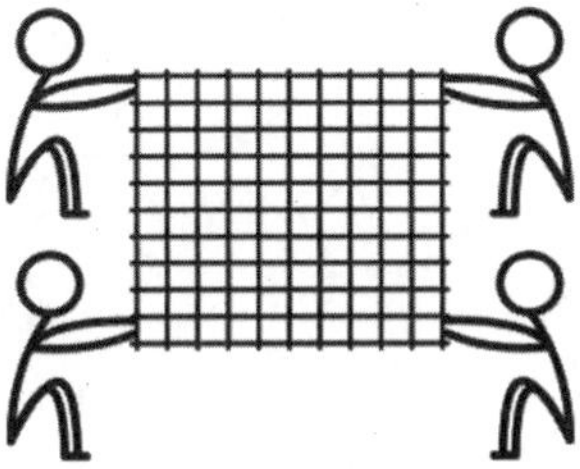

图 7 - 13

三、钻的动作

1. 走+跑

用走的形式通过山洞。两人一组，一人蒙眼，一人指挥，指挥者指挥蒙眼者通过事先设置好的各种山洞，可以用语言、信号等进行指挥。

变化：开火车。8 名同学，两两一组，每组相距 6 米搭成山洞，其他人纵队抱腰。教师说："火车开了。"大家慢慢往前走。教师说："过山洞了。"大家半蹲依次钻过山洞。教师说："提速了。"大家开始跑起来。教师说："到站了。"大家便慢慢走。

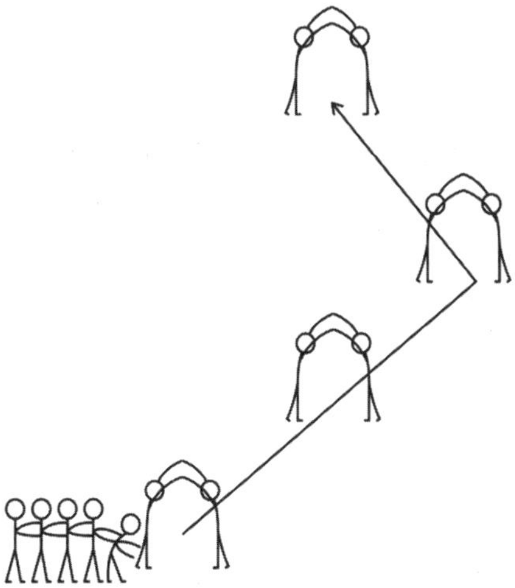

图 7 - 14

2. 跑过

全体学生分成四列横队，依次报数。每列1—12号手拉手，列与列相距3米。游戏开始后，教师喊“7号门”，则7号和8号将相连的手高举形成拱门，其他所有本列队员全部快速跑过，并迅速恢复成原来的队形。

图7-15

变化1：每组队列采取圆形站位，学生从任意一门跑过，恢复原状。

变化2：起名。给每扇门起名字，比如：山海关、玉门关、嘉峪关、天安门、正阳门、德胜门、莲花洞、盘丝洞、黑风洞，等等。

3. **跨过**

两人面对面一高一低拉手，形成一个悬空的山洞，其他同学依次用跨的方式通过山洞；学生均分成 4 组进行 PK，每组站成横队或站成圆形手拉手，每组用 10 个呼啦圈，从排头开始传递到排尾，不让呼啦圈落地，计时排名次。

图 7 - 16

4. **爬过**

学生均分成 4 组，每组使用一条用垫子摆成的跑道，组内每人双手撑垫形成长长的山洞。听到信号后，各组排头人员迅速爬过山洞，爬到排尾再摆成山洞，后面的人依次爬完。

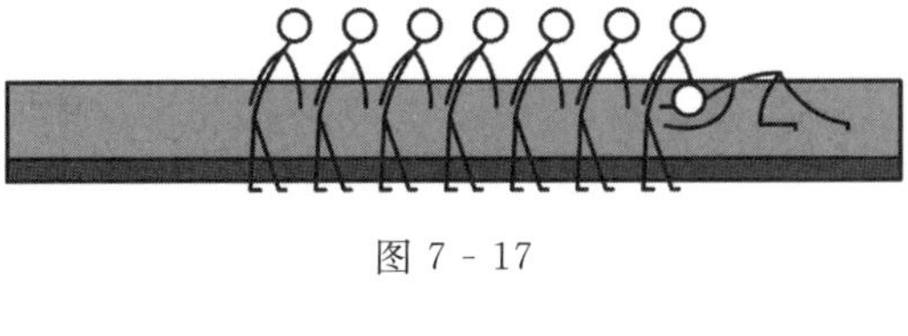

图 7 - 17

5. **滚过**

两组 PK，每组人员两脚分开做山洞，排头人员将球滚过山洞，排尾人员用手接住球并跑到排头，重复上一人的动作，将球滚过山洞。所有人均做一遍，用时少者胜。

图 7 - 18

6. 翻过

在梯子顶端用软棒连接形成一个拱形山洞，10 人一组，9 人在下面扶梯子，另一人攀登梯子并从山洞中翻过，所有人轮流进行。翻过山洞的同学鞠躬或击掌向同伴表达谢意，扶梯的同学一定要扶住梯子，以保证翻洞同学的安全。

7. 飞过

在篮球场两球架之间拉一条长绳，吊上 10 个大小不一的呼啦圈，并编成 1—10 号，学生均分成两组分别站在球场边线外。每人用一个沙包进行投掷练习，使沙包从 1—10 号呼啦圈中飞过。最先完成的组获胜。

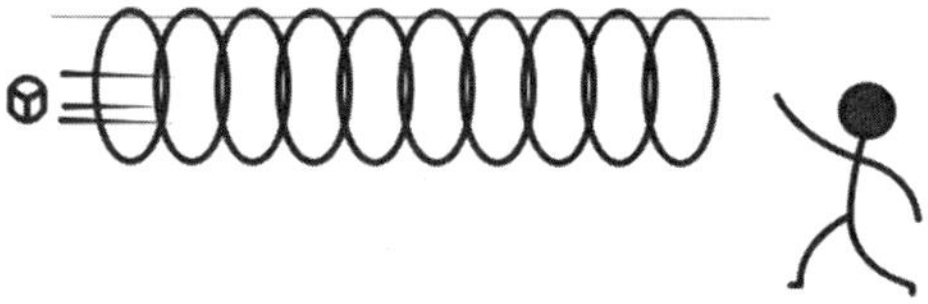

图 7 - 19

8. 带过

持物或驭物通过山洞，比如运篮球、足球、气球，背同伴，扛沙袋，提水桶，等等。

四、别样钻洞

1. 蒙眼钻洞

在前进方向上，3 组同学拉 3 条绳子，一条齐膝盖，一条齐腰，一条齐肩。其他人量好从起点到 3 条绳子的距离，然后回到起点，戴好眼罩，开始蒙眼钻 3 个山洞。

2. 小心飞弹

选出 6 名同学，两人一组相距 3—5 米，进行双手胸前传球，由此构成一个“山洞”，其他同学运球从中穿过。要求：传球同学保持好节奏，运球同学选准时机或降低重心依次通过“山洞”。

3. 防空警报

将垫子（数量比学生人数少 5 个）放在圆圈外，学生在圈内活动。听到警报后，学生迅速跑到圈外钻到垫子下面去，没有抢到垫子的人为败者。

4. 蒙眼套人

两人面对面蒙眼搭手高举成山洞，其他人每人拿一个摇铃，在通过山洞之前摇铃，摇铃停止后伺机通过山洞。蒙眼人根据铃声、脚步声判断时机，争取套住钻洞者。被套者将接受惩罚。

图 7 - 20

5. 山洞套人

在圆形场地上，学生分成两组。A 组选出两人在场地边搭手成山洞，B 组的人员沿边线顺时针钻山洞，A 组搭山洞的人迅速套住钻山洞的人，被套住的人要做俯卧撑或者深蹲跳。之后，游戏继续进行。A、B 组轮换搭山洞。

要求：跑的一队不能停顿，必须慢跑起来。

图 7 - 21

6. 抬体操垫

两人一组将 2×1 米的体操垫抬起来形成一个山洞，各组可以互钻山洞。

7. 勇闯三关

6 人拿 3 条横幅，两两间隔 10 米组成 3 道关。第一关，横幅离地 60—80 厘米，要求学生跨过；第二关，横幅离地 40—60 厘米，要求学生钻过；第三关，横幅离地 20—40 厘米，要求学生爬过（在垫子或草地上行进）。过 3 关时，均不能碰到横幅。学生分成 2—4 队进行接力比赛，用时少者胜。

8. 彩虹满天

16 人一组，用一把彩虹伞，按 1—16 报号，每人拉一种颜色上下抖动彩虹伞。教师随机叫号，被叫到的人迅速钻过彩虹伞，绕伞逆时针跑半圈回到原位。

五、挑战难度

1. 掷球穿洞

10 人一组，纵队分腿站立形成山洞，间距 1 米，第一人掷排球穿越山洞，然后做山洞的前 8 人趴在地上形成路障。最后一个人接球后马上跨越路障，跑到队伍最前面，准备掷球。路障马上起来形成山洞。10 个人依次掷球。多队比赛，用时少者胜。球滚出山洞的话，掷者要将其捡回重掷。

变化：10 人一组横队排列，每人双手撑地形成山洞，其他游戏方法与分腿站立山洞相同。

2. 低运篮球

学生均分成两组，相距 2 米侧平举手形成山洞。每组排头人员拿 1 个篮球，听到信号后，排头人员“S”形运球绕过每一个同伴，再将球传到排头，自己成为山洞的延伸。拿球同学重复排头人员的动作。所有人都完成传球后，用时少的一组为胜者。

图 7 - 22

3. 足球穿洞

6 人一组，其中 3 人采取三角形站位，每人相距 5—8 米，另外 3 人在传球线路中间两脚开立做山洞。每次传球球必须穿越山洞，但不能触碰到山洞，否则做山洞的人与传球者互换位置。山洞需要不断地转身面对传球者，传球者需要不停地喊要向哪里传球。

4. 轻抵气球

学生均分成两队进行 PK，每队再分成两路纵队，左右两人一组，用手掌共同抵着一只气球，并高举形成山洞，每组相距 2 米。每队从最后一组开始向前穿越山洞，然后变成山洞的一部分，全队穿越完用时少者胜。气球不能掉落，否则学生需要停下捡起气球才能继续。

5. 钻移洞

每人一个呼啦圈，听到信号后将圈滚出去，然后快速地追上圈并从中钻过。在圈倒之前，钻的次数多者胜。

第八章　闪避腾挪舞凌风

躲避球

基本玩法

1. 游戏躲避球

教师将学生均分成两组，一组站在圈外，一组站在圈内，圈外的人拿小球击打圈内的人，被击中者出局。

图 8 - 1

2. 运动项目躲避球

躲避球又称斗球，是一种非身体接触的对抗性球类运动，由两队参与。目前于日本、韩国等地流行的是 10 人或 8 人制的单球式躲避球，而欧美流行复式躲避球，中国、马来西亚等正在积极推广单球式躲避球。

（1）单球式躲避球

场地分成内外场，内场为长 20 米、宽 10 米的长方形，在两条长边中点画一条线为中线，用以区隔两队球员。每队外场位于对方内场后外围“凹”形区域内。比赛时每队出场 10 名或 8 名队员，分居于内、外场，其中外场人数至少为一人。

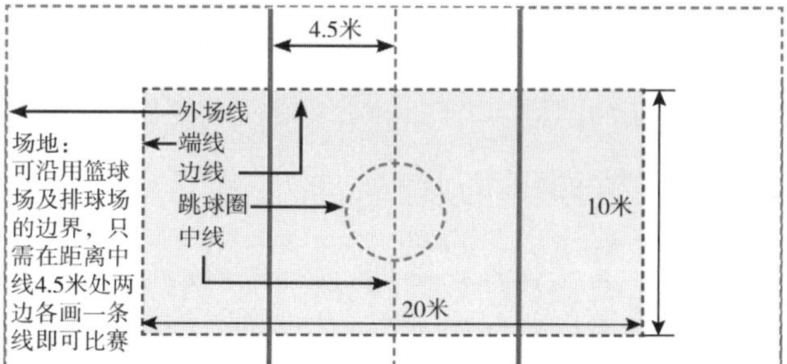

图 8 - 2

比赛的目的是掷球攻击对方内场球员，若球击中其身体而且未被该名球员或其内场队友用手接住，则该名球员出局，移至外场。若该次出局由攻方外场球员掷球达成，则该名外场球员可选择是否进入内场。每局比赛结束时，以内场人数多者为胜，外场人员攻击得分后，也可以回到内场中。若比赛尚未结束，而其中一方内场球员已经全部出局，则该局判对方胜。最终获得较多胜局者，赢得该场比赛。比赛通常采取三战两胜制或五战三胜制。

（2）复式（美式）躲避球

复式躲避球（Dodgeball）为流行于美国的躲避球，俗称美式躲避球。

两队各有 6 名队员，开赛前在球场中线处摆 6 个球，双方站在底线处，开赛后双方要试图到中线抢球，首次抢到球的队员要先退回底线方能攻击。双方将球丢向对方来攻击，若一人被球击中且球落地，则被击中者退出球场；若攻击的球被接住，或是击中人后被其队友接到，则丢球的人必须退出球场，退出球场后不可攻击。球员可以捡落在地上的球，但不可以捡在越过中线到对面的球，而球若出界，球员或已出场的球员可到场外捡球。球员不可在场外攻击对手，但是对手可以攻击到场外捡球的场内球员。当场上有一方没有人时，比赛结束。

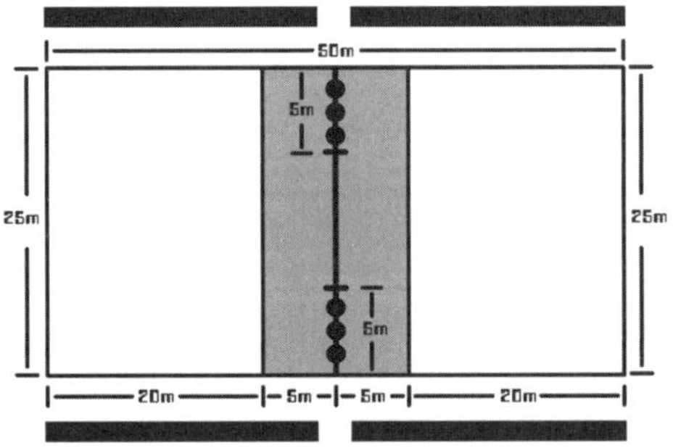

图 8 - 3

游戏价值

躲避球玩法简单，易于操作，随处、随时可玩，形式多样。躲避球比赛能提高学生的观察能力、判断能力、躲闪能力，发展全身协调性、灵敏反应素质，还能有效发挥学生的默契，并提升其体质。自由分组（男女可同组）可以培养学生的健康心智，解决因性别差异而带来的矛盾争执。

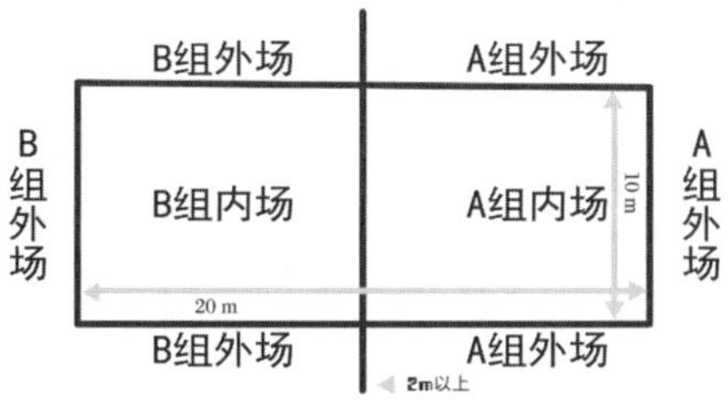

图 8－4

躲避球是一项风靡全球的运动，现行的两种较流行的比赛方法均分两队，男女可同组，外场最少一人，内场两队人数均等，通过抛硬币或猜拳的方式选择开球权和场地。当场地确定后，双方各自进入本方指定场区比赛，球员不能以弹击方式攻击或传球，内场球员被球击触后，最先触球者出局，球员越区或出局对方将取得发球权。每局结束时，内场剩余人数多的一队获胜。

游戏变化

一、器材

1. 躲飞盘

用软式飞盘代替球，场地可选在足球场或者篮球场，教师可将学生均分成两队进行比赛。两队穿不同颜色的衣服，一局 5 分钟，攻方击中守方一次得 1 分，三局两胜或五局三胜。守方任何部位接触到飞盘都算失分。

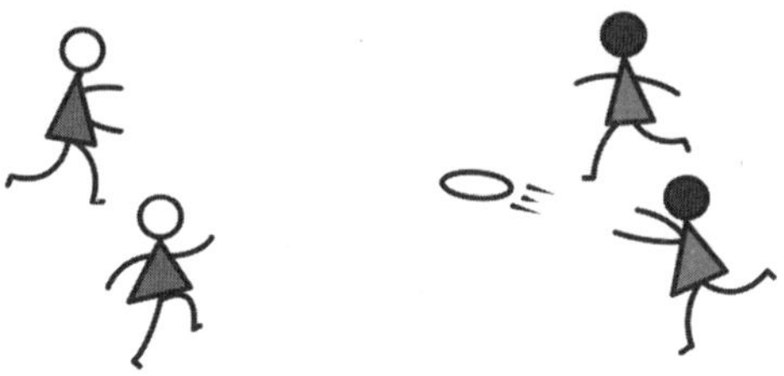

图 8－5

2. 躲大球

教师将学生均分成两队，采取三局两胜或五局三胜制，在一定范围（根据人数和学生年龄进行调整）内，用直径为 2 米的充气大球进行比赛。攻方用手推、脚踢等动作使大球触击守方，触到一次得 1 分。

图 8 - 6

3. **瑜伽球**

教师将学生均分成两队，学生站在直径为 10 米的圆内。攻方只能用双手掷、抛瑜伽球，被击中者绕着攻方跑 1 圈，然后继续参加游戏。5 分钟后双方交换攻防。

4. **躲沙包**

沙包是常用的器材，掷的速度较快，掷得也比较远。若是小学低年级学生玩此游戏，教师应将安全性放到首位，可选择填充物相对柔软的布袋；若是小学中高年级的学生或中学生玩这个游戏，随着年龄的增长，他们的身体素质也不断提高，教师可以选择沙袋或塑胶粒袋作为沙包。

5. **躲足球**

教师将所有人分成两组，一组围圈用足球代替躲避球，同时用脚踢地滚球的方式进行游戏，另一组在圈的中间闪转腾挪进行躲避，被足球碰到者马上出局，直到全部被碰到为止。

图 8 - 7

6. 乒乓球

教师将学生均分成两队进行比赛，学生采取圆形站位，攻守双方均手持乒乓球拍，攻方挥拍击球，守方可以用拍进行阻挡。守方的人员若被球击中身体即刻变成攻方的人员。

7. 水球大战

在适当的范围内，全体学生分成两组进行 PK。用气球装水制作成水球或者直接购买水球，每人 5 个水球（可以捡地上的水球补充弹药），3 分钟内，没有被水球击中者多的队胜。

8. 小软球

每组 10—15 人，背对圆心围圈，一人在圆心内站立并拿 3 个躲避球。游戏开始后，圆圈中间的同学悄悄把球放在其他人身后半米处，听到信号后其他同学迅速转身，背后有球的同学应拿球掷击其他同学，无球的人则迅速躲避，努力不被球砸到。被砸到的人要受罚。游戏应使用材质柔软的小软球或小气球以保证安全性，场地大小要根据球的大小而调整，以便始终保持游戏趣味性，牢牢吸引学生。有很多代替品：纸球、气球、水球、布球、线球、羽毛球等。

二、场地

教师可以设计不同形状（圆形、环形、三角形、长方形）或字形（“日”字、“吕”字）的场地，或在已有的场地（如篮球场、羽毛球场、排球场）上组织比赛。

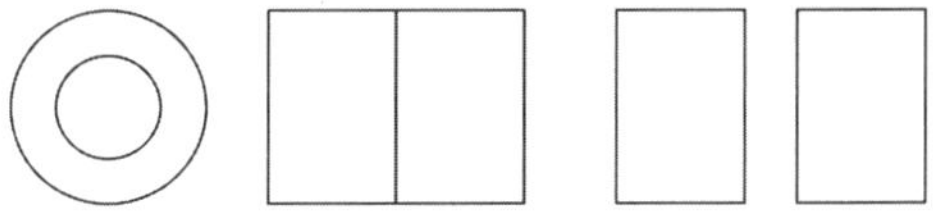

图 8 - 8

1. 方形

方形场地，分进攻和防守区域，所有队员全部进入场地内。进攻队先进攻，被击中的防守队员自动退到线外。到规定时间后，两队互换角色，最后按照场地内剩余人数多少决定胜负。

图 8－9

2. 圆形

圆形场地与方形场地的最大区别是，游戏的进攻方可在场地圆弧外任意位置投球击打防守方队员。圆形场地躲避球游戏节奏更快，每局比赛需要的时间相对较短。由于进攻方投球攻击的方向时刻在变化，圆形场地对防守队员造成的压力较大，在场地内的跑动路线不如方形场地的多。教师需要采取限制场内人数等措施，以保证比赛的可控性和安全性。

图 8－10

3. 二线

两队相距 10 米面对面站立，互相投掷球，并努力接住对方的球。被球打到身上、使球落地或没接到球者失去比赛资格，投者没有将球投过 10 米线或投高超过对手头部也失去资格。失去资格的人后退 3 米坐下。所有队员都失去资格的队判输。

图 8－11

4. 赛场

比赛可以利用现有的场地进行，如羽毛球场、排球场、网球场、篮球场，教师应根据学生的能力、水平选择合适的场地，同时根据场地的大小来调整参与人数，尽可能使每个学生都能较好地获得比赛体验。

5. 三国

将圆形场地三等分，三队分别进入各自场地，互为对手，各派几名队员站在场外候场。场内的队员被击中后，须退到场地外并且不能再回到场地内，此时候场队员可以进入场地。场外候场队员的任务是捡球并传给场内的队员。当某一队的队员全部被击中或者到了规定的时间，则游戏结束。

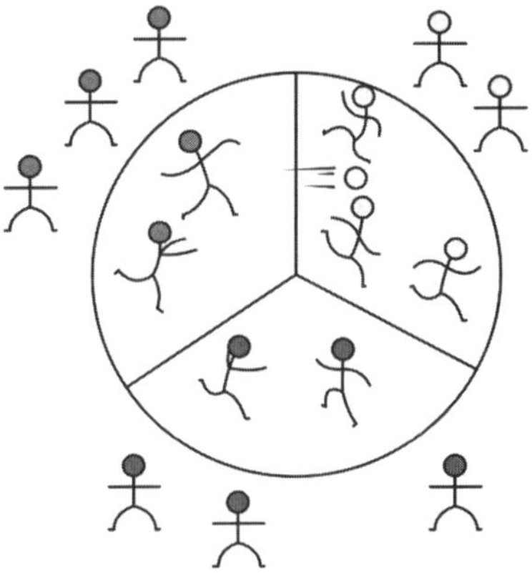

图 8 - 12

6. 活筐

在一定范围内，两队队长背着箩筐逃跑，其他人向对方队长的箩筐内投球。在规定时间内，进球多者胜。

图 8 - 13

7. 设障

在场内设置障碍物，防守方队员借助障碍物躲避场外进攻方的攻击。设置障碍物时教师必须严格注意安全隐患：障碍物要有一定高度以免绊倒场内防守队员；障碍物的表面要柔软圆滑，没有坚硬的棱角和突起，以确保防守队员碰到障碍物时不会受伤。

8. 随意

不规定场地，计时 3 分钟，所有人抢球互相抛掷，拿球者可以向任何一个人发起攻击。被击中者计 1 分，累计 5 分接受惩罚。注意不能只盯着一个人投。

图 8 - 14

9. 攻守

教师将学生分成 6—10 组，每组 4 人。每组有 1 张体操垫、2 个四轮儿童滑板车、4 个躲避球或小软球、4 个雪糕桶或矿泉水瓶（摆在垫子四角）。

在篮球场内以中圈为基准将垫子摆成放射形，在中圈放若干躲避球或小软球。游戏开始后，两人各持两球站在垫子处负责进攻和防守，目的是将其他组的雪糕桶或矿泉水瓶击倒，并保护自己的不被击倒。队员可以拿垫子旁边的球，但双脚不能离开垫子。另外两人坐在四轮滑板车上滑动到各处捡球并运送给队友。不能攻击相邻的组。如果某组的 4 个雪糕桶或矿泉水瓶全部被击倒，那么此组 4 人全部到场边做 10 个蹲起、10 个立卧撑、10 个俯卧撑，然后可以复活。

10. 沙包仗

在地上画一个长 6 米、宽 3 米的长方形，在长方形内的两边离端线 2 米处，各画一条与端线平行的直线，将长方形分成三块。两边为各方战斗区，中间为界河。参加人数以5—9人为宜，其中两人为裁判员，其余人分为人数相等的甲、乙两队。各队留一人为后勤人员，其余为战斗员。每队准备沙包4—6只。

游戏开始后，战斗员每人手持一只小沙包，将沙包投掷过去，被掷者进行躲避。凡被击中上肢者将手臂屈起，击中下肢者将脚提起，表示负伤，他们仍可用没有受伤的手和脚参加战斗。如果某一队员四肢都受伤，那么他将失去战斗力，应退出战斗区。后勤人员在场外负责拾沙包交给战斗员。若一方全部人员都受伤退出，则另一方获胜。

规则：

双方在躲避对方的沙包时，不得离开本方战斗区；

对方投来的沙包落在战斗区内，可直接由战斗员拾起投掷，落在战斗区外，则应由后勤人员拾起交给战斗员，后勤人员不得进入场内参战；

沙包只有击中手臂或腿部才算有效，其他部位不算；

受伤的手不可投沙包，被击中的脚不可落地，若犯规，应退出战斗区。

11. 水中

比赛限时5—10分钟。学生均分两队，分布在泳池固定区域，投掷者在固定区域外发球攻击，水中人应观察球的线路，以便提前没入水中以避免被击中。被击中者须立即上岸；未被击中者可以将球丢回投掷者处，投掷者再进行下轮攻击。

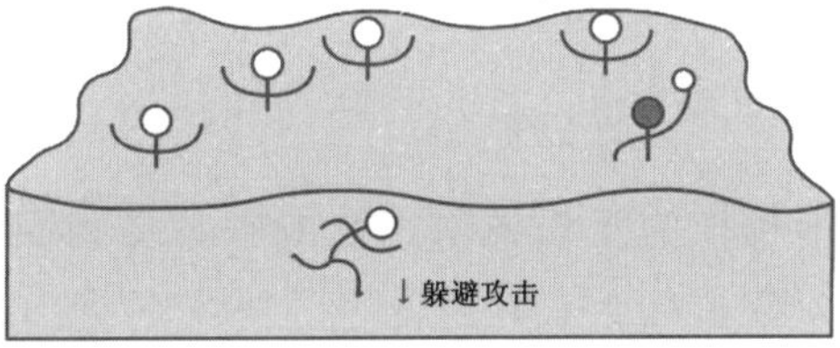

图8-15

三、规则

1. 攻防

在方形场地内，防守队员跑进场内，进攻队员向他掷球，防守队员没有被击中回到原点得1分，防守队可以两名或多名队员同时进场。防守队员全部返回原点后，两队交换角色。得分多者胜。

图 8 - 16

变化：全攻全守。双方都在比赛场地内，获得开球权的一方是进攻方，进攻方持球队员只能在原地选择防守方的击打目标，被击中的防守方队员须退至场外。球击出后捡到球的一方自动成为进攻方，持球队员必须原地投掷否则击中无效。在规定时间内，场内剩余队员多的一方获胜。

2. 球权

各队选出一名队员用“石头剪刀布”的方式确定发球权，胜方获得一次进攻机会。

变化：在场地内放置一定数量的球，球员绕比赛场地线做各种移动式技能，如后踢腿跑、单脚跳、双脚跳、滑步等，听信号（叫 1 号或 2 号）后快速抢球，抢球多者获得球权。

3. 计人

红白两队在圆形场地内互相掷球，被击中者退到圈外给队友捡球。在规定时间内，圈内人数多的队获胜。

图 8 - 17

其他玩法：不计时，将对手全部淘汰的一方获胜。

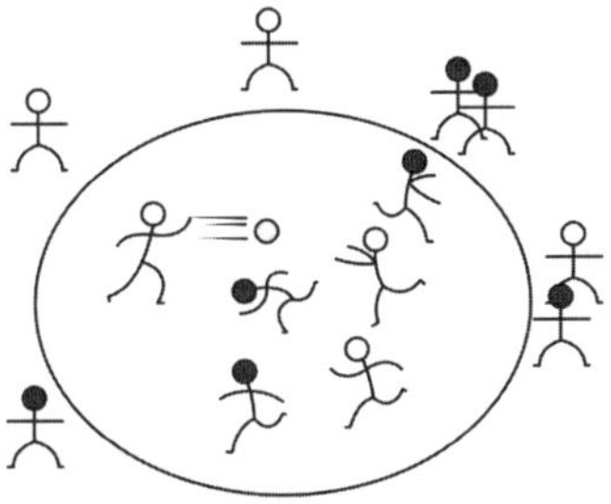

图 8 - 18

4. 计时

限时 1—3 分钟，在规定时间结束后，场内人数多的一方获胜。女生的躲避能力强于进攻能力，适合参加计时赛。

5. 计分

分值有别。每队推选出 5 名主力队员。比赛中，击中主力队员得 3 分，击中其他队员得 1 分。规定时间到后，双方角色互换，按得分高低算胜负。

图 8 - 19

戴帽子。主力队员戴红色帽子，低分值的队员戴白色帽子。进攻方在比赛中能够迅速辨别高低分值的防守队员即可。

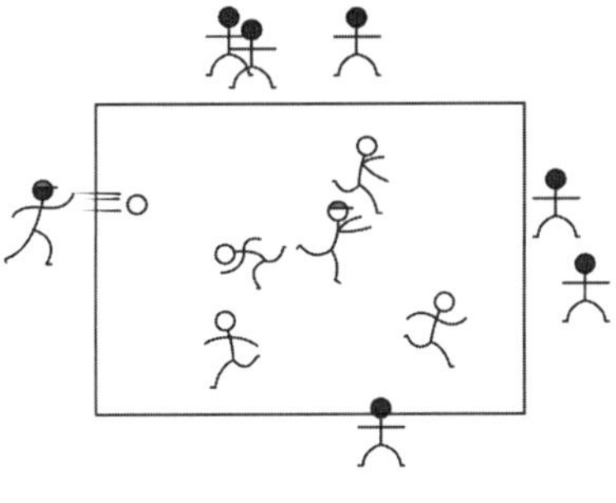

图 8 - 20

6. 计球

射门躲避球。场地形如足球场，大小根据学生人数、年龄而定，有球门和守门员。两队比赛，限时 3—5 分钟，可以射门，也可以掷人，被掷中者出局。守门员不受限制，可以阻挡、接住来球。比赛结束时，射进球门数多者为胜。

图 8 - 21

7. 复活

接球复活。守方在球未落地前，以任何方式接住球都为有效接球，可复活一名队友。

击中复活。当外场投掷者击中对方一人，即可进入内场“复活”。

传球复活。被击中后，接到对方来球或同伴的传球即可复活。

限时复活。出局一分钟后可自动复活。

8. 增援

被击中者出局，出局者可进入外场成为新的投掷者。比赛结束时，内场选手人多的队获胜。

9. 定点

用呼啦圈设置 5—8 个投掷区，进攻队员只有在投掷区击中场内队员才有效。比赛有两局，每局比赛结束时，内场剩余人数较多的一方为胜方。

10. 守土

每队在内场均选一处为“基地”，防守方手持球拍遮挡进攻来球。进攻方命中对方基地得 1 分。每局比赛结束时，命中对方基地次数多的一队为胜方。

11. 喊停

在同心圆场地，学生围着大圆站，教师将球放在小圆内。教师叫学生名字，没被叫到的逃，被叫到者去小圆拿球同时喊“停”，这时逃者原地停住。攻击者可把球投向任意一名逃者，若没有投中，则要接受惩罚。

图 8 - 22

四、情景

1. 双打一

在“分组对抗赛”的基础上，将学生均分成 A、B、C 队 3 队进行对抗赛，比赛结束时，留在固定区域内人多的一方为胜方。

变化：在方形场地内，学生分成 3 队，一队在场地内，其他两队分列在两侧；两侧队员把球投向场地内队员，击中就得分；到规定时间后，队员交换场地；3 轮后失分少的队获胜。

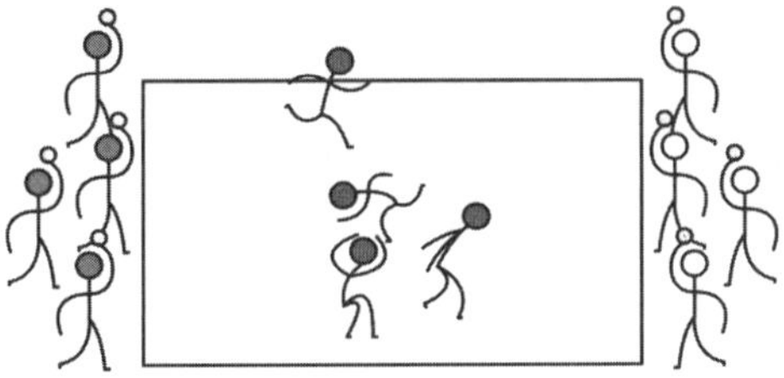

图 8 - 23

2. 护驾

比赛双方各选出一位核心队员当“大王”。守护“大王”的比赛需要双方斗智斗勇，在保护本队“大王”的同时，寻找机会击败对方的“大王”。

变化：在同心圆场地，学生围大圆站，小圆中间站一人做“大王”，大圆与小圆之间有两个“保镖”，他们可用身体任何部位阻挡球；进攻者之间可以传递球，看准时机和位置，攻击大王；投中“大王”者成为新的“大王”，原“大王”成为“保镖”，原“保镖”变为攻击者。

图 8 - 24

3. 传弹

此游戏采取圆形站位，传一个或几个球。选一人做发令者，喊“开始”或“爆炸”。听到“爆炸”信号后，拿球的人攻击其他人，其他人躲避。

图 8 - 25

4. 叫号

此游戏采取圆形站位，每个队员都有自己的号码，圆内有 1—2 个攻击者。教师任意叫两个号码的人，被叫到号的人拿球攻击其他人，被击中者与攻击者角色互换。

图 8 - 26

5. **追掷**

在规定的场地内，两人一组，一人有球追掷，一人无球奔逃。游戏开始 5 秒钟后，追掷者可以追，命中其他人后与之换角色。

6. **楚汉分界**

教师将学生均分成两队，每队人数 100—500 人，球的数量 100—500 个，楚汉分界，所有人不得越区攻击或捡球。各队提前选定区域与人员。分界线上有一定数量的球，学生听信号后取球进攻。教师可以鼓励学生主动进攻，以达到紧张、激烈、欢乐的游戏氛围。

五、动作

1. **踢球**

为了突破惯性思维，为躲避球带来变化，游戏中可以加入用脚踢的环节。此外，为了保证比赛的安全性，游戏用球可以选用材质稍软的沙滩足球或排球。教师应要求学生只能使用脚内侧踢球，踢球高度不能超过腰部，否则就要扣分。

2. **拍击**

教师可以准备一定数量的软式球，让学生用羽毛球拍、乒乓球拍、棒球棒（其他棒）等器具发球。

3. **投掷**

进攻方可用双手肩上投掷、单手肩上投掷、头顶球、单手甩等方式进攻。

4. **限定**

防守方躲避时只能使用单脚跳、双脚跳、爬行、滚动等方式，使用其他躲避方式要扣分。

5. **定位**

攻击者只能攻击指定的部位。根据球材质的不同，可以限定攻击的部位，比如胸部、背部、手臂、腿部、屁股、脚等。攻击者攻击的时候要大声喊出部位。

6. 反弹

攻击者在向对手投球之前，必须先将球扔到墙上或者对地反弹一次，然后才可以进攻。

六、新玩法

1. 沼泽球

将场地分为两半，每队分别将两张体操垫放在场地后面当沼泽地。当被击中时，队员可以进入对方的沼泽地。被困在沼泽地里的队员，接到队友扔的球后才能复活。如果整个团队陷入沼泽地，那这一轮游戏就结束了，可以开始新一轮。

变化：沼泽地可以变成安全区，进入安全区的本队队员可以充电加油。

2. 蘑菇球

在规定的场地内，学生散点站，球也分散在场地各处。游戏开始后，任何人可以成为投掷者，但不能移动超过 3 步，他们可以投掷任何球员（膝盖以下），被击中者必须坐下来当蘑菇。如果蘑菇拿到球，那么必须尝试将球传给另一个蘑菇，直到所有的蘑菇都接触到球，他们才能继续参与游戏。

3. 记住对手

记住自己被哪个投掷者击中，当该投掷者也被击中时，自己才能够重返赛场。

4. 预告掷击

在发动攻击投掷前，攻击者应先喊出攻击目标的名字或号码，当击中目标后，对方此人出局，而攻方继续获得球权。若球被对方接住，则攻击者出局；若球既没有击中人，也没有被接住，则比赛继续。场内、外球员皆能选择性预告，击中对方全部队员的一方获胜，或到时间后场内剩余队员多的一方胜。

5. 女王躲避球

各队选择一人为女王。当一方只剩女王和另外一名队员时，这名队员为不死骑士，打不死，他应竭尽所能保护女王。当女王被打出局，对手获胜。

6. 数字躲避球

人数均等的两队分别穿上颜色不同的1—20号的衣服，击中几号即得几分，若身上有特殊符号，例如×2、+3、归0，表示翻倍、加3分、得分变为零。

7. 健身躲避球

当被击中时，被击中者应马上去找私人教练（即教师）进行健身训练，例如做俯卧撑、仰卧起坐、跳跃等，完成任务后可以重新回到场地进行游戏。

8. 躲避球大乱斗

四队站在田字形场上，猜拳决定位置。每队派一人出来猜拳决定先手权，四队同时进行攻防。掷球的人一定要使用双手。被打到的人必须去坐爆一个气球（限时3分钟），如果完成，就可以复活回到内场继续参加比赛。其余规则跟躲避球大致相同。剩下1分钟的时候，被打到的人一律淘汰至场外休息区。比赛时间为8分钟，比赛结束后场内人数较多的队获胜。

9. 冻人

游戏在一个篮球场内进行，使用软排球或者躲避球。全体学生均分成两队。双方猜拳决定进攻权，进攻方可以用球来攻击防守方，被击中者原地不动，即成为“冻人”。双方都可以在场内跑动抢球和掷击，冻人如果能够在原地获得球，就即刻解冻，可以继续参加比赛。在规定时间内被冻人数较少的队获胜。持球一方只能原地掷击对方，不能运球和传球，球出界由对方开球。

10. 接球掷击

场地为同心圆，大圆半径比小圆半径长5米，一人趴在圆心为攻击者，其他人趴在大圆边线上。教师从10米外将一躲避球滚向圆心，当球滚入小圆，处在圆心的攻击者便要拿球站起来开始进攻，其他人可以站起身逃跑，被击中者成为新的攻击者。

第九章　圈圈叉叉逞英雄

九宫格

九宫格游戏又称井字游戏、圈圈叉叉，另外也有打井游戏、○×棋的称呼，香港多称其为井字过三关或过三关。玩法为两个玩家一个打圈(○)，一个打叉(×)，轮流在3×3的格上打自己的符号，最先将横、直、斜3个方向连成一线者为胜。九宫格原本是种纸笔游戏，本章所讲的九宫格游戏是两队或多队在室内外运动场地上所进行的活动性游戏。分胜负的方式与纸笔游戏相同。

基本玩法

学生均分成两组，站成两路纵队，每组前三人依次拿物品快跑至九宫格，摆放物品后返回，先前的队员返回起点后下个队员才能出发。此后，第四人开始移动物品。每个人在摆放和移动物品时都要注意阻止对方连成线。最先连成线的小组获胜。

游戏价值

游戏操作简单，场地随处可用，组织形式变化多样。学生在游戏中能感到紧张刺激，这可以锻炼学生的奔跑能力、各种身体素质和处事不惊的态度，以及注意力、反应能力和思维能力。

游戏变化

一、“宫”材

1. 圈

用 9 个呼啦圈、体能圈或其他圈组成一个九宫格，圈与圈的距离可根据实际情况调整。

2. 绳

用 4 根绳子摆成“井”字，绳子的长度根据人数、场地而定。

3. 凳

用 9 个间隔为 5 米的凳子摆成一个九宫格，学生 3 对 3PK，抢凳连线，最先连成线者获胜。

4. 垫

用 9 张体操垫或泡沫垫组成九宫格，学生在垫子上可坐，可躺，可做各种动作。

5. 盆

用 9 个盆摆成九宫格，用玻璃球、乒乓球、小皮球、小沙包等器材进行投掷，每宫间距 3—5 米，必须有一定的抛掷距离。如果学生没把器材投进盆，那么应捡回重抛；如果本队被对手投进，那么需换另外一宫抛掷。

6. 黑板

上室内课时，教师将学生分成两组或四组，在黑板上画 4 个九宫格，然后让学生进行连线接力比赛。每人每次只能画一笔，先连成线的组获胜。

还可以借助磁铁在黑板上进行游戏。准备红色、蓝色磁铁各 4 个，将学生分成两个小组进行游戏（每小组 6—12 人），一组拿红色磁铁，一组拿蓝色磁铁，每组组员依次将磁铁按照一定的策略贴在黑板上的格子里，连成一条直线就得 1 分，还可以阻碍对手得分。在规定时间内得分高的小组获胜。每人每次只能放一个磁铁或移动一次磁铁。

7. 碟

用 9 个标志碟摆成一个九宫格，在碟子上摆网球、垒球或其他小球。标志碟的优势在于数量多、颜色多、轻便，这样就可以随时随地根据需要进行游戏。

8. 棒、棍

用体操棒、武术棍或树枝组成九宫格进行游戏。

9. 笔

用粉笔在地上画出需要的九宫格，或者直接按照九宫格的模式写出数字 1—9，这样也可以开始游戏。

二、项目

1. 篮球

投篮。用 9 个篮筐摆成九宫格，不同的格子有不同的分值。学生分成两队进行 PK，累计分值多者获胜。

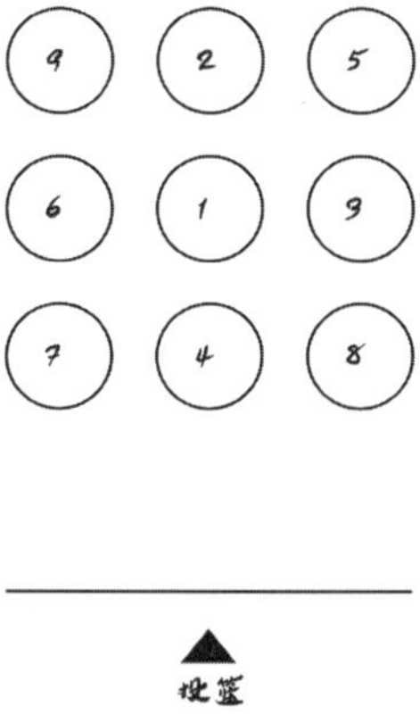

图 9 - 1

运球。两队运球 PK，每次运一格，不能重复，先完成九格者胜。

2. 足球

射门。在墙壁上画一个九宫格形状的足球门，按照图示分值进行射门练习，学生分成两队进行 PK，累计分值多者获胜。

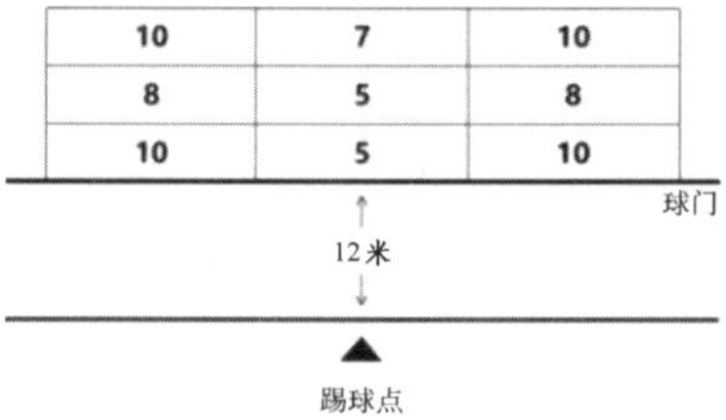

图 9 - 2

停球。学生将球踢出，让足球在九宫格中自然停下，队员依次踢球，将足球连成一条直线的队伍获胜。

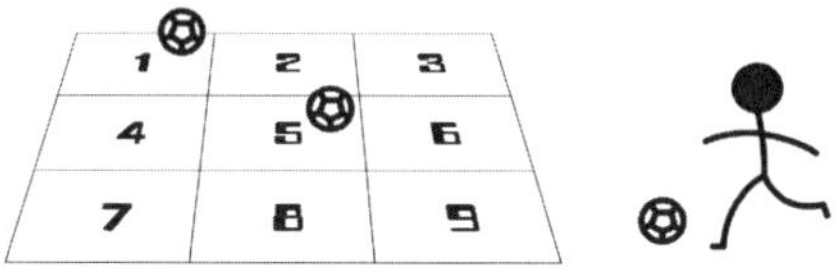

图 9 - 3

拉球。学生持球站在宫心位置，教师发出信号（1—9），学生按照数字信号将球拨、拉到相应的数字处，如果信号为 5，则原地踩球。

传球。9 人一组采取九宫格站位，每人相距 5—8 米进行传接球练习。开始时先用一个球，然后逐渐增加球数。

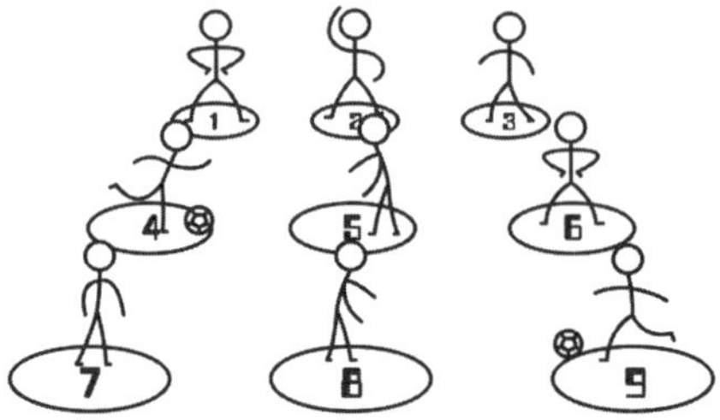

图 9 - 4

3. 排球

扣球。每队派出一名队员，将排球扣向立在地上的九宫格数字板，得分多者获胜。

垫球。教师将学生分成两组，都在网的同一侧，一组抛球，一组垫球。抛球者喊数，垫球者将球垫至网对面的九宫格内。

4. 羽毛球

两队 PK，每队轮流出一人，将羽毛球击到格子内，N 轮后统计得分，分数最多的队获胜。

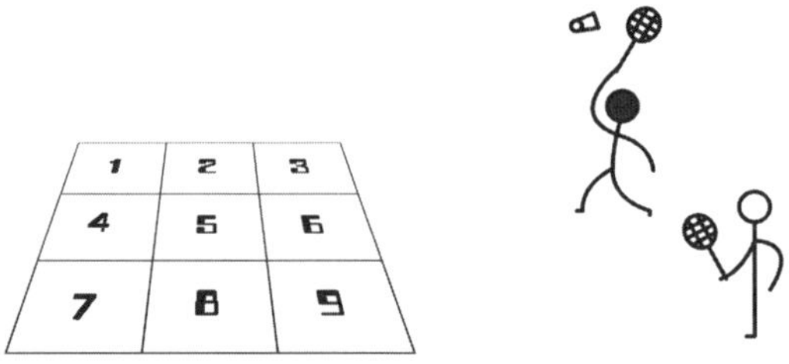

图 9 - 5

羽毛球米字步。以自身为中心，然后往左前方、前方、右前方、左后方、后方、右后方移动。

5. 乒乓球

对墙练习。在墙壁上画一个九宫格，学生对墙进行乒乓球的各种练习。

发球练习。在半张乒乓球台上画九宫格，练习者按要求将球发至网对面的格子内。

6. 跳格

两人一组，一人拿数字 1—9，另一人看着数字跳到相应的格内，两人轮流跳 50 个数字，用时短者胜。

7. 投掷

吊起 9 个呼啦圈，使其变成立体九宫格，然后学生进行投掷练习，掷飞盘，投篮，掷沙包，放纸飞机，等等。此游戏可以是单人游戏，也可以是分组 PK，还可以改变圈的大小、高度、投掷距离以增加难度。

8. 步法

结合项目的特点，练习者站在中间一格做各种步法，如上步、后撤步、侧滑步、交叉步、跨步、跳步等。教师可以根据需要调整格子的大小。

三、器材

1. 瑜伽球

瑜伽球的玩法有单人运、抱、举，双人抬、夹、抱、举，三人托、举、夹等。这些玩法有助于激发学生兴趣，培养学生规则意识和团队精神。

2. 抱西瓜

将足、篮、排球或其他球当作西瓜，每人抱 3 个球进行九宫格游戏，注意必须同时将 3 个球抱起来移动。

3. 沙背心

每组前 3 人穿上沙背心，然后将沙背心放在九宫格内，后面的人移动沙背心。宫与宫之间的距离为 5 米。

4. 跳绳跑

每组前 3 人用跳绳的方式跑向九宫格并将跳绳放在其中一格内，后面移动的人必须跳 30 下才可以移动该跳绳。

5. 杠铃片

每组前 3 人搬杠铃片，并将其放在九宫格内，后面的人移动杠铃片。注意杠铃片的重量和安全性。

6. 夹软排

6人一组，两两PK：第一步，先由两个人背对背夹一个软式排球或者其他球将球放在九宫格内；第二步，移动球可以由单人进行。

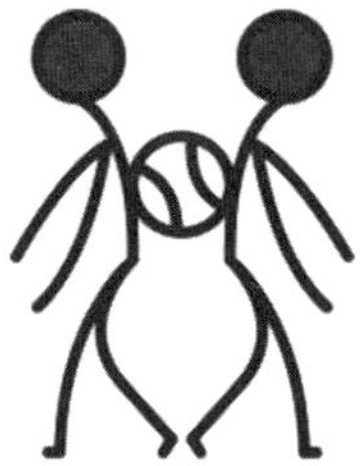

图9-6

7. 魔方盘

6人一组，每组一个九宫格，将红黄蓝3种颜色的标盘不规则地放在九宫格内，每次只能移动两个盘，先让红、黄、蓝成一条线者获胜。

8. 套圈圈

在九宫格内摆放9个标志桶，两队PK，每队前3人各拿一个同一颜色的体能圈，跑至距离九宫格5米处停下，用体能圈套标志桶，若没有套中，则捡起体能圈返回交给下一个人，先套圈连成线者获胜。

四、路径

1. 绳梯

学生利用绳梯以小碎步、横向小滑步、进进出出、两进两出、并步小跳接小碎步、前后交叉步、开合跳、高抬腿等脚步训练方式到达九宫格并放置物品，然后按原来的方式回去，接力下一位同学。

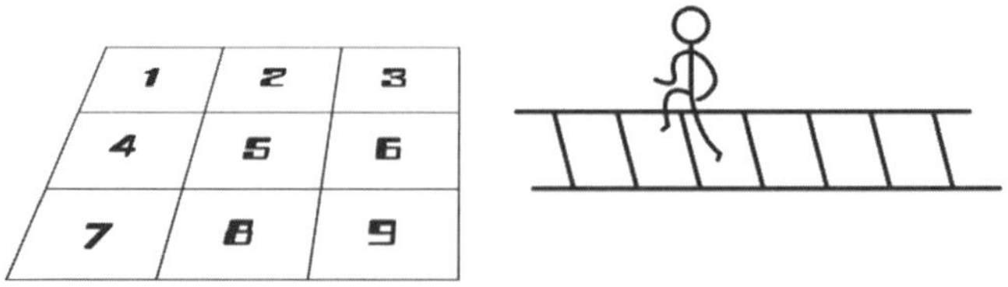

图9-7

2. 跨栏

在前进的路上放5个栏架，学生必须依次通过每个栏架，才能到达九宫格。还可以根据栏架的高低、多少进行钻和绕的训练。

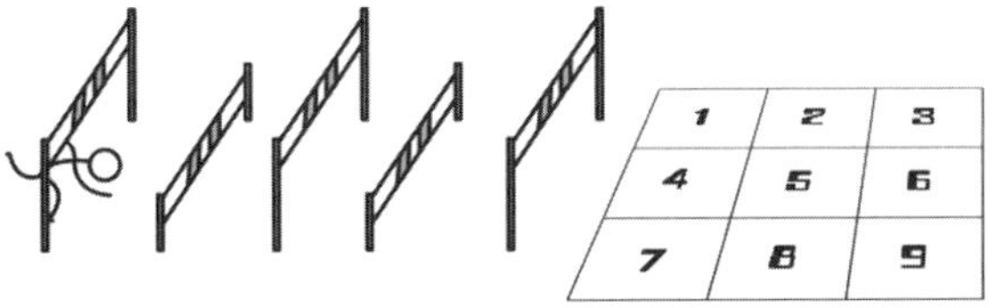

图 9 - 8

3. 垫子

在前进的路上放几张体操垫，学生必须在垫上做不同的任务才能顺利到达九宫格。比如：在第一张垫子上做前滚翻，在第二张垫子上做 5 个俯卧撑，在第三张垫子上做侧滚。

铺路。N 队 PK，每队 10 人，每人拿一张 1.2×0.6 米的折叠体操垫。前 7 人用体操垫铺路，后 3 人将体操垫摆放在九宫格内，其他组的人员移动九宫格内的体操垫时必须爬行到达，返回时可以跑。

4. 标桶

用标桶组成不同的路径，学生以绕、跳、推倒、扶起等方式通过，然后到达九宫格。

图 9 - 9

标盘。分组接力，教师将标盘均匀摆放在线路上，学生用跳、绕的方式到达九宫格，放置物品后原路返回。教师可以在标盘下放任务卡，卡上设置不同的任务，每个学生必须翻一个标盘，完成任务后才能继续游戏。

标杆。每隔 3—5 米放一个标志杆，学生可以运用跑 S 线、定绕、运球绕杆等方式进行九宫格游戏。

5. 胶凳

利用 60 厘米高的胶凳，结合跳、撑、绕、跳马等方式，组成多种路径，也可以设置很多任务。30 厘米高的矮胶凳也能给活动增添趣味。

6. 自然环境

根据场地的具体情况，比如树、球架、球台、花坛、标记点、障碍物等，因地制宜，设计相同距离、难度的路径进行 PK。这样更能激发学生的兴趣。

五、人数

1. 单人

每队派一名队员依次出场，没有分出胜负前队员可多次出场，但必须按照排定的顺序。

2. 双人

两人互相配合移动，如牵手、背靠背、双人推球、双人胸夹球等，也可以增加难度，如人背人，背人者蒙眼听信号前行，被背者发信号指路。

3. 3人

抬轿：两人抬体操垫运人朝目标移动。

坐轿：3人一组，两人双手相握当轿子，一人坐轿。

4. 4人

4人一组前后站立，前后搭肩或抱腰，一起跑至九宫格完成任务。也可以4人组成战马前进。

5. 5人

5个九宫格，每个相距15米，两队PK，每次出5人，根据不同的情况选择九宫格完成任务。赢得3个九宫格的队获胜。

6. 多人

每组6—8人，手拉手跑至九宫格完成任务，在此过程中手不能松开，每组只能选定一人完成任务，其他人只能提建议。

六、规则

1. 距离

起点到九宫格的距离可以根据学生年龄、能力和场地情况而定。

2. 面积

通过增大或缩小格子面积，以及遮盖格子增加游戏难度。

3. 多组

每个九宫格上只能有两组进行比赛，练习人数受限，此时可以视具体情况增加九宫格的数量或加大练习密度。教师一定要考虑器材的多少和场地的大小。

4. 过关

在前进的路上设置 3 关，所有游戏者必须顺利闯关才能去到九宫格或回到本队。比如：钻跨栏＋侧滚体操垫＋5 个深蹲。

5. 彩碟

每队分持不同的彩碟进行 PK，直到相同颜色的碟子完全占领九宫格则该队获胜。

6. 16 宫

16 宫的难度更大，变化更多，趣味性更强，适用于高年级的学生。

七、游戏前

1. 热身

教师统一带着所有队员进行热身，包括活动关节、拉伸肌肉等。

2. 铺路

教师将学生分成两队，两队用标志碟从起点到九宫格进行铺路比赛，选定一种动作（立定跳、跨大步或单脚跳）作为放碟动作，第一个人从起点做动作，第二个人跑到第一个碟处做动作，谁先到第九格谁胜。

3. 带动

每个队员出发之前，先带领身后的同伴做一组动作，然后再出发。

操类动作：集体边喊节拍边做，所选的操应该是大家比较熟悉的。

素质动作：领做开合跳、跳起拍掌、交叉步跳、收脚跳、立卧撑、原地小步跑等素质练习。

技术动作：田径的原地技术（原地高抬腿、摆臂、抬腿、收腹跳）、各种球类技术的原地练习（羽毛球击球、篮球投篮、足球运球停球、排球垫球、网球挥拍等）、体操动作（横劈叉、竖劈叉、燕式平衡等）、武术动作等。

4. 提示

教师应针对游戏过程中可能会出现的问题及时提醒，让学生明确目标、清晰线路、清楚规则。

5. 示范

活动之前，大家需要了解规则，教师应自己示范，或找人示范并解答提问。

6. 战术

游戏前，各队伍可以利用几分钟时间自由商讨本队战术。

八、格子游戏

1. 跳房子

跳房子，也称跳方阵、跳方格、跳格子、跳飞机格、跳飞机，是一种用一条腿支撑跳动的经典游戏，玩法如下。

（1）站在起跳之处，将沙包丢进数字 1 的格子之后才能起跳，不然不能跳。

（2）单脚跳进数字 2 的格子，然后依格子数一直单脚跳到最后的天堂。在跳的过程中脚不可以落地，一旦落地就不能再跳，只能等下一轮。途中经过并排的格子以及最后到达天堂时，可以在此格双脚着地。

（3）以单脚跳的方式由天堂再依序往回跳。

（4）跳回到格子 2 时，弯身捡起格子 1 中的沙包，接着再跳回起点。

（5）将沙包丢向数字 2 的格子里，若成功丢进就重复第一次的动作，若没丢准或是犯规就换下一个人玩，以此类推。

（6）如果沙包扔出界或是脚不小心越界就算犯规，那么必须停跳，让给下一个人玩，等又轮到自己时，可以从犯规的格子开始继续跳下去。

（7）等全部格子跳完之后，就可以盖房子了。方法是背向格子，把沙包往后抛，抛进某格，该格便是属于你的“房子”，其他的人在跳跃前进时就须越过此格，而你自己可以在此格双脚落下。

（8）全部房子都被盖完之后，拥有最多间房子的人就是赢家。

图 9 - 10

变化 1：格子可以画成圆形、长方形、三角形，还可以从中间开始标记数字；画不同大小的格子，如小的格子可以小到只能容下前脚掌。

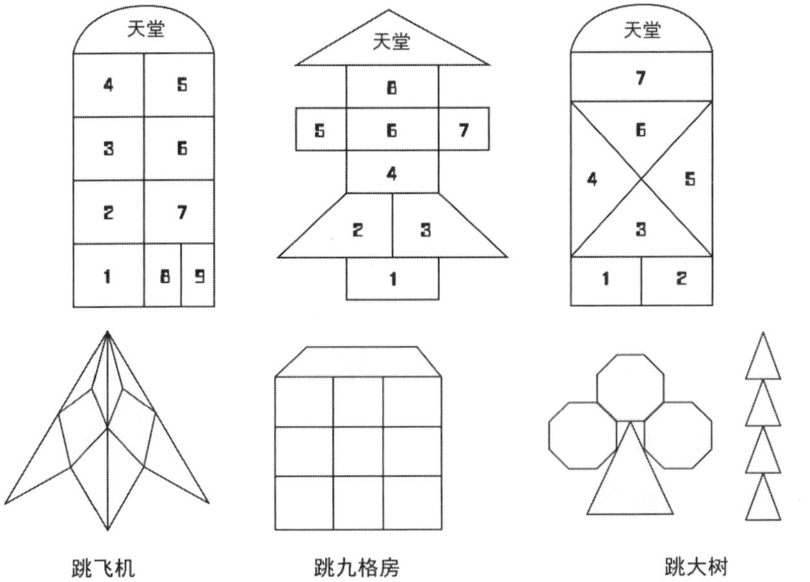

图 9 - 11

变化 2：在格子之间留出空白区域（距离要控制在学生能跳过的范围内），要求选手跳越空白区；设定时间限制，规定选手在一定时间内完成比赛，否则算输；或者可以按完成的时间长短来确定胜负。

变化 3：在场地上画动物，写数字或者写热身练习内容。

变化 4：跳六格房。教师将学生均分成 4 组，排定好顺序后游戏开始。第一人将沙袋抛进第一格，单脚跳进第一格，接着单脚将沙袋踢进第二格，然后双脚跳进第二格，再将沙袋用双脚夹进第三格，接着单脚跳进第三格。这样单双脚交替踢沙袋，直到沙袋被踢出第六格，第一人双脚跳出第六格，这样算一次成功，可得 10 分。然后第二人从第一格重新做起，以此类推。某人若在某格失误，可在下一轮时，从失误格做起。几轮以后，积分最多者为第一名。

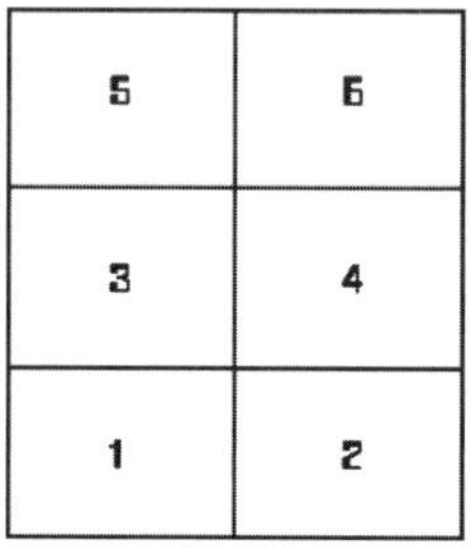

图 9 - 12

变化 5：跳梅花房。参加者分为人数相等的两组，每人准备沙包一个，分别在第一圆和第六圆外面站好。事先规定好几种跳法。开始时，先由各组第一人按第一种方法，分别以 1—6 或 6—1 的顺序跳。成功后，可得 10 分，若失败，则退下来。然后各组第二人按第二种方法跳。积分多的一组为冠军。

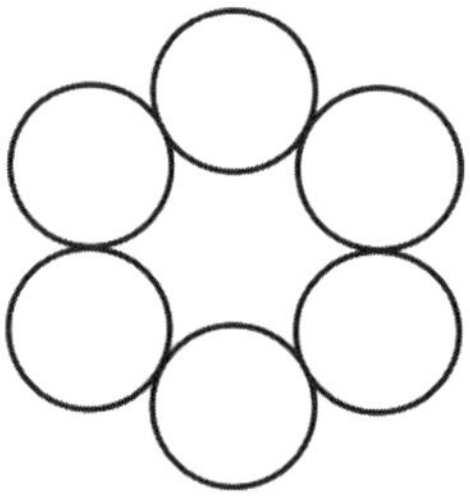

图 9 - 13

变化 6：学生必须单脚踢着沙包前进。先把沙包掷向第一格，然后单脚把它踢入第二格，紧接着单脚再把沙包踢入第三格，如此一直继续下去。

变化 7：投数字。每组一路纵队站在起跑线后，将沙包投向标有数字的九宫格内，然后用规定的跳跃方式逐格跳到沙包所在的格子内，捡起沙包再逐格跳回，得分等于沙包所在格子的数字。全队依次轮流投掷沙包，积分多者胜。游戏可以加大难度，如：在格子中放置小跨栏、沙包；没有投中数字格或跳时踏线视为失败；沙包压线以较小的数字算得分；每格内只准落地一次。

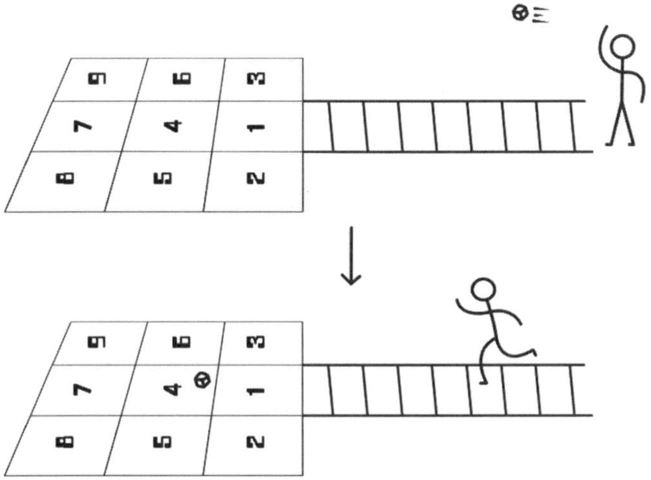

图 9 - 14

变化 8：投格子。在九宫格外 6—8 米处画一条投掷线，参加者依次用沙包投格。从第一格开始，逐格投掷，每投中一次可以继续连投，最先投到第九格者为胜者。

变化 9：“参军”。跳房者先将沙包投入第一间，然后跳进去将沙包踢到八一间，再踢出，接着将沙包投入第二间，然后从第一间跳到第二间，将沙包从第二间踢到八一间，再踢出。这样依次跳下去，直到将沙包从第九间踢入八一间，再从八一间开始按倒数的数字将沙包踢到第一间，最后将沙包踢到线外，就算“参军”了。压线、出界、踩线、站立不稳、双脚着地等均视为犯规，应换人跳，再轮到自己时可以从失误的那一间重新跳起。

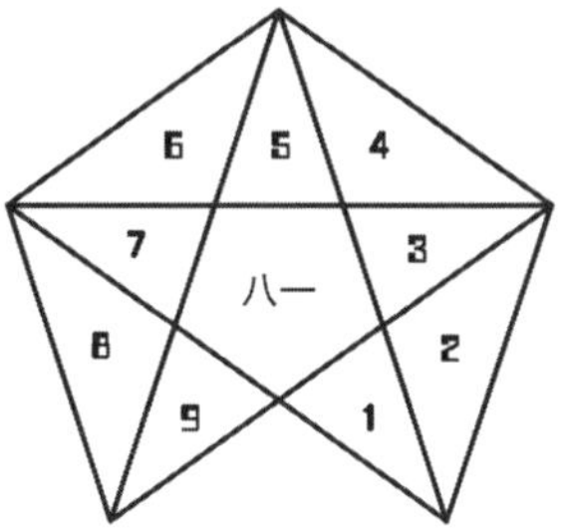

图 9 - 15

2. 动作记忆

画好一长串格子，在格子的起点和终点之间设置好各种各样的动作，比如第一格为“跳两下”，第二格为“转一圈”，第三格为“拍五下手”……谁做错了就重新开始，看谁先到终点。还可以比比谁在到达终点的过程中做错的次数最少。这是一种考验记忆力的游戏。

3. 心心相印

教师将学生分成两组，两组各派一名学生站在对角处猜拳，胜者喊“跳”，两人同时往任意一格跳，如果所跳入的格子同在一条直线上，那么喊者获胜。胜者继续游戏，败的一方则换下一人出赛。

图 9－16

变化：跳！跳！跳！人数不限，设置一个国王，其他人为挑战者。国王和其中一个挑战者用猜拳的方式决定谁喊“跳”。当猜拳胜利者喊“跳”后，两人同时跳向格子内，不可以踩线。如果挑战者和国王跳在同一条直线上，那么挑战者出局，如果没有，则继续猜拳决定该谁喊“跳”。如果国王连续赢了 3 个人，就可以从挑战者中选择一人当皇后，选择时要背对挑战者。此时挑战者可以暂时打散原有排队的顺序，等皇后选好后，再排回原来的顺序。如果皇后连续赢了 3 个人，那么也可以选择王子，方法一样。但皇后如果被挑战者打败了，国王就要出面接受挑战。如果国王赢了则救回皇后，如果输了则换挑战者当国王。

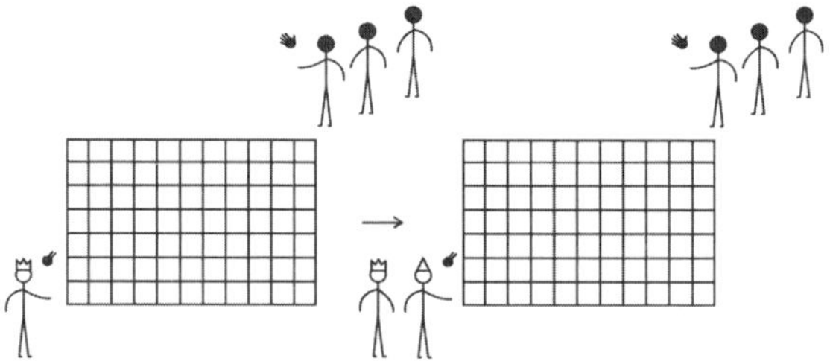

图 9－17

4. 听号跳格

第一个同学做好准备动作，第二个同学随意念出 3 个数字（1—9），第一个同学按第二个同学所念出的数字顺序逐一跳入格内，完成后换下一人。

图 9 - 18

5. 天涯海角

学生用跳跃的方式从甲地出发，跑到目的地乙地，然后换下一人。

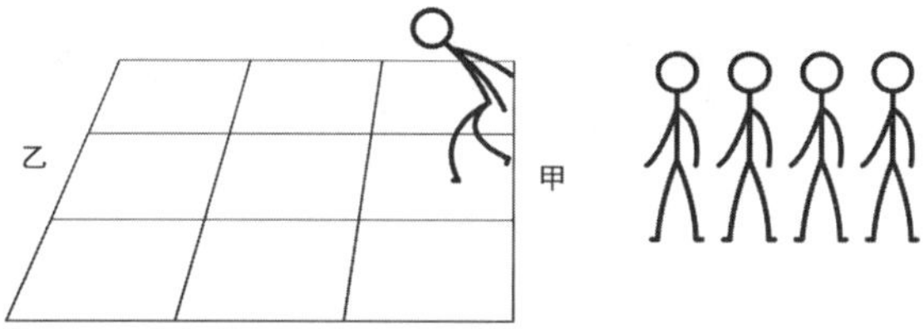

图 9 - 19

6. 非洲跳房子

学生 10—20 人，分成两组，分别在 16 宫外的对角处站成一路纵队，第一人双脚跳进第一格，然后依次向左跳至第四格，再依次跳返。紧接着第二人前跳至第二格，第一人跳进第一格，两人同步向左跳至第四格返回，接着继续向前跳一格，第三人跳进，三人同步继续，接着第四人跳进，四人同步返回时第一人跳出。

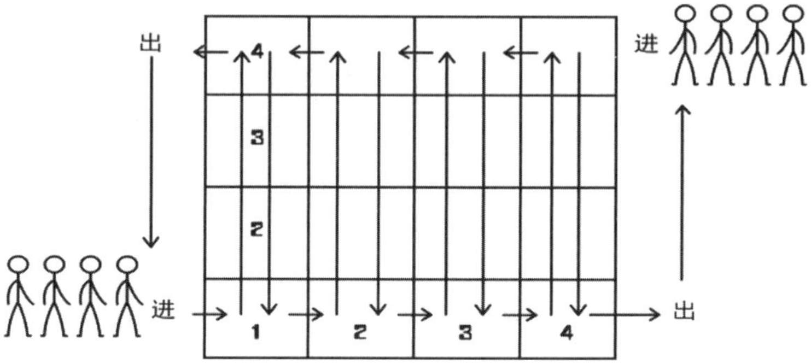

图 9 - 20

第十章　此起彼伏好风光

水果蹲

基本玩法

全体成员分为 4—6 组，每组 8—10 人，围圈拉手。每组取一个水果名称，比如苹果、葡萄、香蕉、榴梿……教师任意指定一组，比如香蕉，全组一起边喊“香蕉蹲，香蕉蹲，香蕉蹲完某某蹲”，边做动作并将动作传递到下一组。下一组做出的动作必须与上一组一致，且被喊之后不能马上回喊上一组。

游戏价值

水果蹲能够激发学生的运动兴趣，提高其运动技术、体能、心理素质，还能够建立学生之间的友谊、信任和默契，提升团队精神和互相配合的意识，同时能训练学生的专注力，发展创新能力。

游戏变化

一、名字

1. 水果

全体分为 5 组，每组围圈，先由第一组（草莓）开始，一边蹲一边说：“草莓蹲，草莓蹲，草莓蹲完西瓜蹲。”以此类推，看谁的反应快。被点名没反应、反应过慢、蹲错者被淘汰。

2. 蔬菜

各组取一个蔬菜的名字来玩游戏，如萝卜、白菜、南瓜、茄子、芹菜、苦瓜、豆角等。

3. 颜色

各组名称中加入颜色，如“白萝卜蹲，白萝卜蹲，白萝卜蹲完红萝卜蹲”，喊完口号后所有白萝卜组组员一致指向红萝卜组，红萝卜组要马上开始蹲，且口中一样要念念有词，之后再指定下一组进行游戏。

4. 动物

学生分成若干组，每组第一个同学可头戴动物的照片或者卡片，如老虎、狮子、小狗等。教师先指定一组开始蹲，如“老虎蹲，老虎蹲，老虎蹲完狮子蹲”。以此类推。

5. 器官

可用身体各个器官部位发令游戏，如眼睛、鼻子、耳朵、屁股，若口号是“眼睛蹲，眼睛蹲，眼睛蹲完屁股蹲”，则学生需完成拍屁股动作，以此类推。

6. 数字

每个组对应一个数字，在转换下一组时可以用简单的加减乘除法设计口令，如“一组蹲，一组蹲，一组蹲完，3－1 组蹲”。

拓展：口令的变化可以充满合作与创新，例如：“我要蹲，我要蹲，我要蹲完不想蹲；不想蹲，不想蹲，不想蹲完某某蹲。”

7. 汽车

每队起个与汽车相关的名字，口号如：“吉利跑，吉利跑，吉利跑完，广汽跑。”不能重复，不能反弹，失误者受罚。

8. 飞机

每队起个战机的名字，学生在活动过程中，一边说飞机的名称，一边模仿飞行动作。如：“战鹰飞，战鹰飞，战鹰飞完猎豹飞。”

9. 高铁

各组自取地名配合台词：呜呜呜，××的高铁就要开（第一组），往哪里开？往××（下一组）开！

10. 英语

把水果蹲换成英语，如 apple、banana、orange、pear……口令就可以是：“Apple down，apple down. After apple banana down.”单词不一定全是水果，也可换成其他单词进行练习。

二、动作

1. 仿动物

每组取动物名字（如兔子、大象）进行游戏。例如："兔子跳，兔子跳，兔子跳完，小鸭子跳！"

2. 动作秀

各组预先演练几个动作，然后给自己组起个名字，当被叫到的时候马上秀出动作来，不能重复。

3. 练体能

可将蹲变为俯卧撑、跑跳、兔跳、矮子跑、鸭走、团身跳、高抬腿、踢腿、摆腿等动作。如："我团身跳，我团身跳，我团身跳完，你俯卧撑！"教师注意即时反馈，鼓励学生，让学生有成就感。

4. 巧移动

移动方式可根据需要选择，比如趣味跑的形式有：合作跑（拉、拖、抱、背、扛、抬）、后退跑、走跑结合做动作、跑跳结合做动作等。比如快乐跳的形式有：单脚跳、双脚跳（如僵尸跳）、跑跳步、击掌跳、单双结合跳、追逐跳、双人跳、多人跳、绕人跳等。

5. 多线路

结合不同的动作变化，教师可以让学生进行绕横排、绕纵排、绕集体、S形、同心圆折返等活动，让学生兴趣盎然。例如："一组跑，一组跑，一组跑完，三组跑。"注意移动距离不能过大，以便让大家都能听到信号。

6. 来划船

学生喊出"左边划，左边划，左边划完右边划"的口号，同时做划船动作。划船分为：左边划，右边划，向前划，向后划。

7. 练上肢

分组进行，把蹲的动作改为俯卧撑，每组4—6人为宜。口号可以为："××撑，××撑，××撑完，○○撑！"对于低学段或者力量较弱的学生，可采用跪姿俯卧撑或俯撑单手交替拍肩等动作。

8. 练躯干

准备姿势为坐撑在地上，动作指令改为蹬、抬等。蹬为屈腿做来回蹬伸动作，抬为坐撑举腿动作。低学段或者力量较弱的学生动作幅度可相应减小。

三、队形

1. 散点

每组规定固定的区域，在本组区域范围内随意散点站位，人与人之间保持 1 米距离。

2. 纵横

根据学生人数和年龄，队伍可成 2 列、4 列、6 列、8 列横排或 2 路、4 路、6 路、8 路纵队等；横排可以牵手，纵队可以搭肩，然后一起游戏。

图 10 - 1

3. 大圆

圆的半径为 5—10 米，教师站在圆心指挥，学生以 1—5、1—8 或 1—10 号报数，然后听教师叫号做水果蹲运动或完成各种任务。大圆站位的好处是便于教师指挥，学生能看到彼此的表现。

图 10 - 2

4. N 个组

4—10 人为一组搭肩成圆，组与组间距 3—5 米，每组固定名称。一般情况下，分组应大于 3 组，并小于 7 组，这样容易操作。

5. 同心圆

大小两个圆，一组站在大圆上，一组站在小圆上。教师站在圆心指挥，学生分成 5 种水果（5 个组），每种水果选一个组长。各组先听教师叫号进行水果蹲游戏，接下来各组组长发令，组员完成各种任务。

图 10 - 3

6. 五边形

学生分成 5 组，成五边形站位，彼此能看到，教师站在中间便于组织活动。

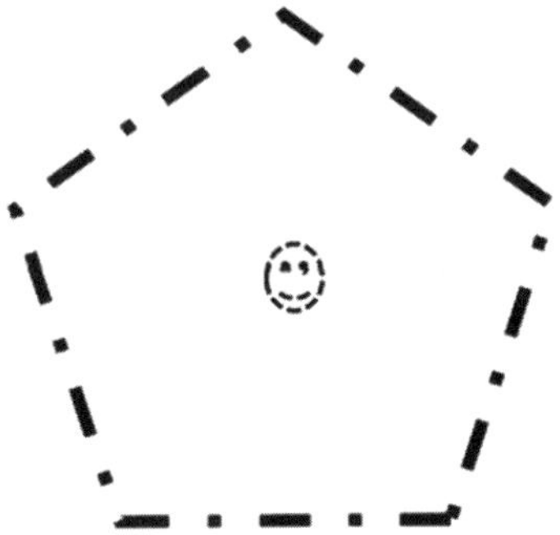

图 10 - 4

四、人数

1. 孤军

以个人为单位玩游戏，蹲的过程中若蹲错、说错或反应慢，则被淘汰。还可以 15 人一组，报数接龙，逢 3 或者 3 的倍数下蹲不报数、反应慢或做错者为失败，失败者要接受 5 个蹲起的惩罚，然后游戏从任意一个数字继续进行。

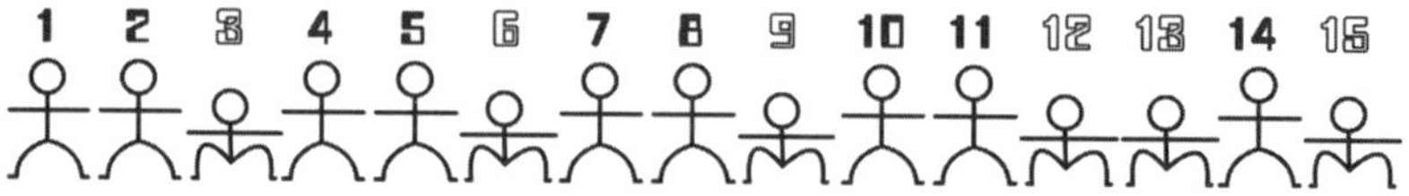

图 10－5

2. 双人

两人一组，可左右站成横排或者前后站成竖排。在游戏过程中，两人须始终牵手。

3. 3人

3 人一组，可排站成横排、竖排或者三角形。在游戏过程中，3 人须始终牵手。

4. 4人

4 人一组，可排站成横排、竖排或矩形。在游戏过程中，4 人须始终牵手。

5. 多人

4—5 个班在足球场对阵，每个班围成一个圆，班长或体委在中间指挥，提前给同伴发出手势，本班蹲完集体指向目标班。人多声大，场面非常震撼，非常有利于凝聚班集体精神。

6. 结盟

当组数较多的时候，可以两组或者 3 组“结盟”，“结盟”后的组视为一个单位。同盟的任意一组被指定做动作时，同组“盟友”必须同时做动作。

五、规则

1. 反弹

学生分成 N 队，每队 5 人。第一队蹲完后，随机喊另一队，被喊到的队蹲完不可反弹回第一队，必须喊另外一队。

2. 统一

蹲完指向另一队时，口令和动作要一致，比如“苹果蹲，苹果蹲，苹果蹲完，香蕉蹲”，苹果组所有成员做弓步，手臂前伸，手指指向香蕉组，一旦出现不统一、不一致的情况，视为失误或失败，须接受减分的惩罚。

3. 改名

名字一旦用得太久，学生就会出现厌烦的情绪，因此要经常改变名字。换名需要大家商量，记住本组名字的同时还须记住别组的名字。改好名后，每组派一名代表集中，快速记忆各组名字然后回到各组传达。或者给学生一定时间，教师指向哪个组，那个组就集体大声喊出自己的名字。

4. 重复

上一组应快速、统一、准确、清晰地发出下一组要蹲的次数。例如：第一组组员一起发令：“苹果蹲，苹果蹲，苹果蹲完梨子 4 次蹲。”梨子组边蹲边喊：“梨子蹲，梨子蹲，梨子蹲完香蕉 2 次蹲。”以此类推。蹲的次数不得超过 5 次。

图 10 - 6

5. 分数

各小组基础分为 10 分，每失误（喊错、指错、蹲错）一次扣 1 分，若干轮游戏结束后，积分最多的组获胜。

6. 指挥

在游戏过程中，教师让学生推选出一名“指挥”站在圈中，指挥以语言和手势指挥组员。指挥者还可以用事先准备的“手旗”作为发号施令的标志物，但最好在后半段游戏难度增加时引入该规则，以便学生有适应的时间。

7. 奖惩

奖惩可以由原来的直接淘汰改为集体进行简单的体能练习，如拉手原地弓步跳 10 次，拉手行进间纵跳一圈，拉手矮人走一圈，拉手做莲花开 5 秒钟，等等。如此既能保持游戏的公平公正，做到有赏有罚，又能给落后队伍努力的空间，还能增加领先队伍的压力，无形中增加游戏的紧张气氛。

8. 不蹲

点到名字的不蹲，没点到的蹲。如学生分成辣椒、白菜、萝卜、番茄、黄瓜 5 组。教师喊："辣椒蹲，白菜蹲，黄瓜蹲，萝卜蹲。"番茄没被点到，番茄组就要蹲，其他组不蹲。

9. 音像

根据信号完成游戏，如听声音，看图片、颜色、物品等。例如：学生分为 4 组，教师拿香蕉、苹果、葡萄、西瓜 4 张水果图，随机举苹果图，苹果组的学生立刻按信号进行苹果蹲，教师随后举西瓜图，西瓜组立刻开始游戏。以此类推。

六、技能

1. 舞蹈

第一组齐喊："我这样跳，我这样跳，我这样跳完到你跳!"被指（叫）到的组马上跳出不同舞姿，以此类推，不能重复，不能反弹，失误者受罚。

2. 游泳

第一组齐喊："我蛙泳（同时做蛙泳动作），我蛙泳，我蛙泳 3 次你仰泳。"下一组做仰泳动作，仰泳做完再叫下一组做其他泳姿动作。

3. 投篮

第一组齐喊："我投篮，我投篮，我投进 3 个到你投。"下一组可以改变投篮方式，也可以改成其他项目的动作。

4. 射门

第一组齐喊："我射门，我射门，我射进3个到你射。"同时做射门动作。被指（叫）到的组马上做出不同姿势的射门动作，以此类推，不能重复，不能反弹，失误者受罚。

5. 传球

第一组齐喊："我这样传，我这样传，我这样传完到你传。"被指（叫）到的组马上做出不同姿势的传球动作，以此类推，不能重复，不能反弹，失误者受罚。学生可以展开想象的翅膀，所传之球可以是任何球，只要是正确的传球动作就行。教师也可以规定是某一种球，比如篮球、足球、排球、橄榄球、躲避球等。

6. 运球

第一组齐喊："我这样运，我这样运，我这样运完到你运。"把问题抛给下一组，下一组可以改变运球方式，也可以改成其他球类运动的运球动作。

7. 接球

第一组齐喊："我这样接，我这样接，我这样接完到你接。"第二组应马上做出不同姿势的接球动作，以此类推，不能重复。

8. 扣杀

第一组齐喊："我这样扣，我这样扣，我这样扣完到你扣。"被指（叫）到的组马上做出不同姿势的扣球动作，以此类推，不能重复，不能反弹，失误者要受罚。扣杀动作可以是任何球类的动作，只要是正确的扣杀动作就行。

第十一章　而今迈步从头越

闯　关

基本玩法

单人或多人参与游戏均可，学生通过自己的努力或者与同伴通力合作，顺利通过由人或者器材组成的障碍关卡即可获得胜利。

游戏价值

闯关游戏能够激发学生的斗志。学生在游戏过程中不断奔跑、急停、急起、闪避，可以培养机智、果断、坚韧不拔、勇敢顽强、一往无前的精神品质，以及培养集体协作精神。

游戏变化

一、穿越封锁线

1. 枪林弹雨

在地上画一个长 20 米、宽 10 米的长方形，全体分成人数相等的甲、乙两队，并通过猜拳决定攻守方。攻队站于端线外，需跑至另一端线，守队站于两条边线外，每人手持两只沙包。游戏开始，攻队设法安全通过火力网到达另一条端线，在跑的过程中若被沙包击中身体即受伤，守队得 1 分。数次之后，两队互换，最后得分多者胜。

守队不得投击头部，也不得进入边线投击，否则扣分。攻队队员若已越过端线，便不准后退。守队的沙包落在阵地外，必须捡回继续投。

图 11 - 1

变化：乒乓弹雨。场地规则如上，守方每人拿 2 个乒乓球砸攻方队员，砸中计分，攻方运球到对面边线计分。

2. 穿越球阵

在篮球场内，每人拿一个篮球，守方分别站在两条边线外，攻方从一端运球到另一端，如身体或手中的球被守方的球击中，则回原位重新开始。守方只能击打攻方队员腰部以下的部位或手中的球。

图 11 - 2

3. 穿越球林

守方分成两列横队相距 5—6 米面对面站，每列横队每人左右间隔 3 米，听到信号后，开始做各种篮球传接球动作。攻方以纵队形式快速从守方传接球的间隙跑过。攻方队员全部冲过后，攻守双方角色互换。攻方应积极做各种躲闪动作，每被击中一次则本队被判失 1 分，最后失分少者获胜。攻方还需在规定的时间内穿过“封锁线”，否则失败。

变化 1：守方可以在攻方穿越“封锁线”时积极抢断，抢断后将球抛远，可得 1 分；如抢断失败且触球，则判失 1 分。互换角色进行数轮后，得分高者获胜。

变化 2：可以用足球、橄榄球等进行传球。

4. 守株待兔

在场地内放置两张相距 10 米的体操垫，猎人组站在距离体操垫 5—8 米的圆内，每人拿两个球。猎物看准时机，从一张体操垫处跑到另外一张体操垫处。猎人用球击打猎物，击中猎物多者胜。

图 11 - 3

5. 坚守堡垒

全体同学分成四路纵队，每队间距2米，人手一篮球，在各队前方10米处画圆作为碉堡，直径和间距均为1.5米。一人守卫，其他人运球从碉堡间穿越，被守卫者触到则视为牺牲，须回到原点重新开始。

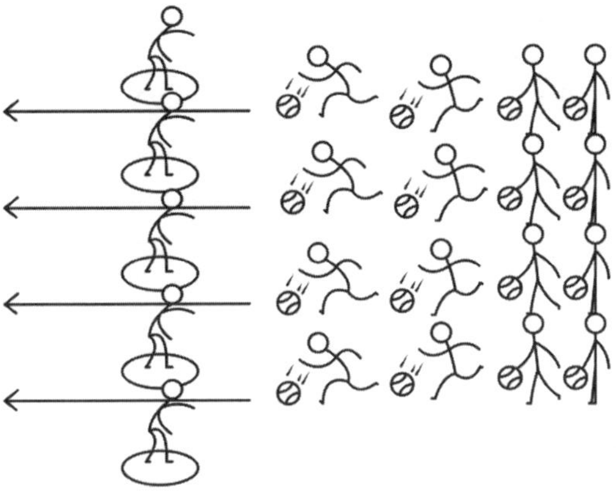

图 11 - 4

6. 击落敌机

学生分成两组，甲组手执纸飞机，乙组手持小沙包。游戏开始后，甲组将纸飞机掷向天空，乙组在纸飞机落地之前用小沙包将其击中即可得1分。然后双方交换角色，先到20分者获胜。

变化：学生还可以用飞盘和沙包进行游戏，也可以拿不同颜色的飞盘进行游戏。

7. 躲避水雷

8人等分成两队，预备时，攻队卧倒于起点线后，守队两人各手持两只球站于抛线后负责发射炮弹，另外两人站于起点线后拾、传球，供应炮弹。游戏开始后，攻队匍匐前进，守队掷球射击，攻队队员要设法躲避，如果被击中就算进攻失败，要暂时退出游戏。最后以到达终点的人数计分（每人计1分）。两队轮流攻守，最后得分多的队获胜。

8. 上蹿下跳

10—20人一组，排成N路纵队，两人拉一条橡皮筋以不同的高度快速从队伍两侧跑过，站在队伍里的学生快速地用跳、蹲、趴、躺等动作进行闪避，不能被橡皮筋碰到，否则将被淘汰。3轮之后，换人拉橡皮筋。

二、摆脱防守

1. 死里逃生

5 人一组纵队站位，后边的人紧紧抱着第一个人的腰。游戏开始后，第一个人要努力挣脱，但不准肘击后边的人，或掰后边人的手。后面的 4 个人要用力将其抱紧。限时 30—60 秒钟，第一人在规定时间内不能挣脱则视为死亡，要接受惩罚。若第一人成功挣脱则后面的 4 个人接受惩罚。

图 11 - 5

2. 突出重围

学生均分成两队，各队选一名队长。一队手拉手成圆阵，面向圆心，当包围队；另一队居于圆中，当突围队。游戏开始，包围队在队长的指挥下，可以手拉手顺、逆时针方向走动，也可以手拉手下蹲、高举手，还可以收缩或扩张圆阵，或者突然松手转体 360°再拉上手。突围队员们应抓住一切机会从间隙中跑出来，成功突围一人可得 1 分。规定时间一到，两队互换角色。在相同的时间内，突围得分多的队获胜。

变化：人在圈外设法突破，钻进圈内。

图 11 - 6

3. 运球快闪

15—20 人拉手，举高围圈，选 1—3 人在中间运球。运球者听到信号后伺机穿越，此时围圈的同学可以放下手进行阻挡。在规定时间内，突破者若全部穿越成功，那么围圈者要受罚，否则穿越者受罚。

图 11 - 7

4. 冲锋陷阵

长方形区域内，画出冲锋区、封锁区和制高点，6 人两两一组拉手组成一道移动的封锁线，阻止冲锋队员到达制高点。冲锋队员如能顺利通过封锁区到制高点为成功，失败则要受罚。冲锋队员在冲锋区可以任意跑动，但不能被封锁线队员碰到，否则算“牺牲”，要重新冲锋。

图 11 - 8

5. 伺机运过

10 名同学围成圆圈，两两之间间距约为 3 米，圈内 10 名同学运篮球。在 60 秒内，10 名运球的同学要想方设法将球运出封锁圈，封锁圈的同学则通过移动位置困住圈内的同学，圈内的同学被围圈同学的手部触碰到即算失败。

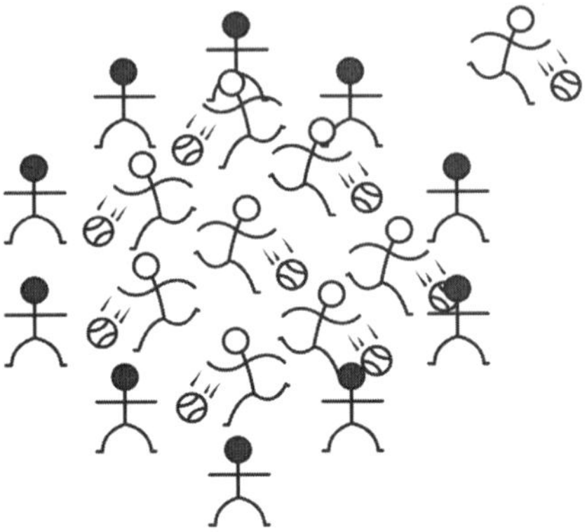

图 11 - 9

6. **勇敢攻城**

两队手拉手排成横排，面对面站立，交替进攻，从右开始，两两一组冲击对方人墙。如果攻破人墙（使对方手松开），就可以俘虏对方；如果没有攻破人墙，那么自己成为俘虏，进入对方的队伍。在规定时间内反复进行此游戏，最终人数多的队获胜。

图 11 - 10

7. **配合穿越**

在篮球场上，1 名防守者站在中线处，其他人从一边底线跑到另一边底线，每次可同时有 2—3 人出发，配合穿越，防守者只能在中线上移动抓人。被捉者成为新的防守者。

图 11 - 11

8. 机智过岗

用相距两米的两根标志杆做岗哨，一人戴眼罩做哨兵，其他人想尽办法越过岗哨，不能与哨兵有任何接触，否则与哨兵互换角色。其他人可用走、跑、爬的方式越过岗哨，全部越过为胜。

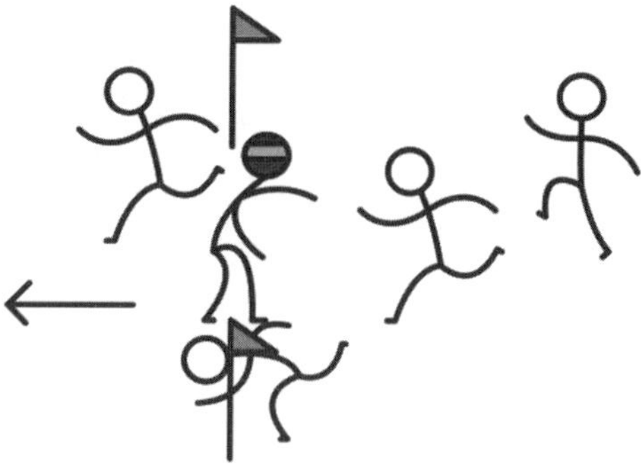

图 11 - 12

三、完成任务

1. 过关斩将

教师设计连续通过 N 关的任务，提醒学生不要抢速度，要在每个关卡都把任务动作做到位。

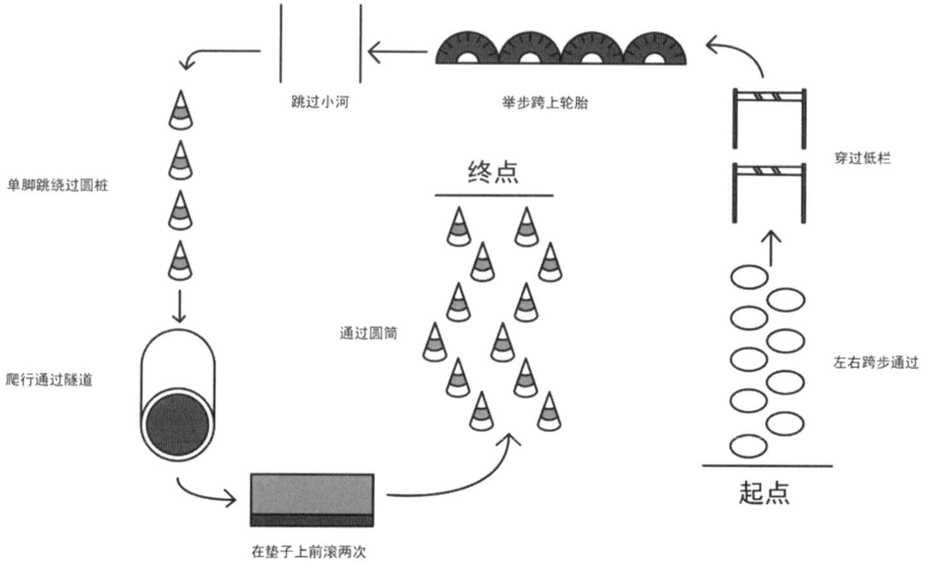

图 11 - 13

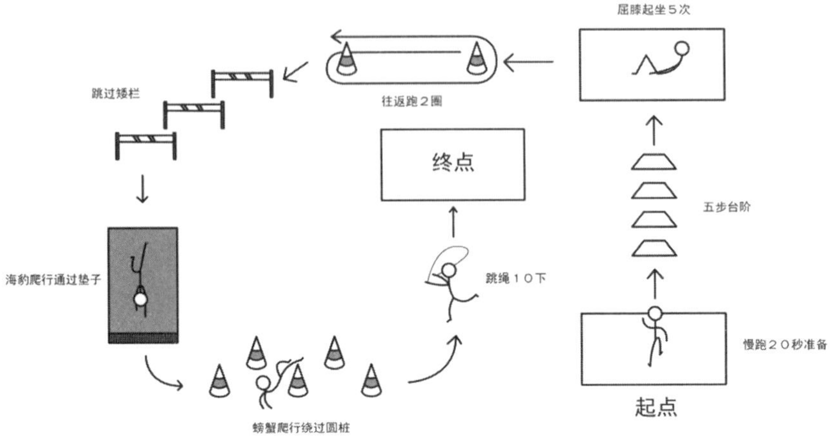

图 11 - 14

2. 千姿百态

所有学生按照要求进行移动，移动距离为10—15米。学生每完成一种爬行，就需要进行一次金鸡独立。

海豹爬行：卧倒，小腹着地，手掌触地，两臂伸直，双手交替移动。

图 11 - 15

螃蟹爬行：仰卧，体重由四肢支撑，右手、左脚、左手、右脚交替移动。

图 11 - 16

乌龟爬行：面朝下卧倒，双手平放于地面，双臂伸直，两膝盖离开地面，双手和双腿之间的距离比肩稍宽一点，右臂跟右腿一起移动，左臂跟左腿一起移动。

图 11 - 17

金鸡独立：站直，双手叉腰，一只脚抬起至膝部。

图 11 - 18

3. 足球高尔夫

3 人一组，每组一只足球，一人踢球，一人数数，一人记录，挑战完成所有的关卡。

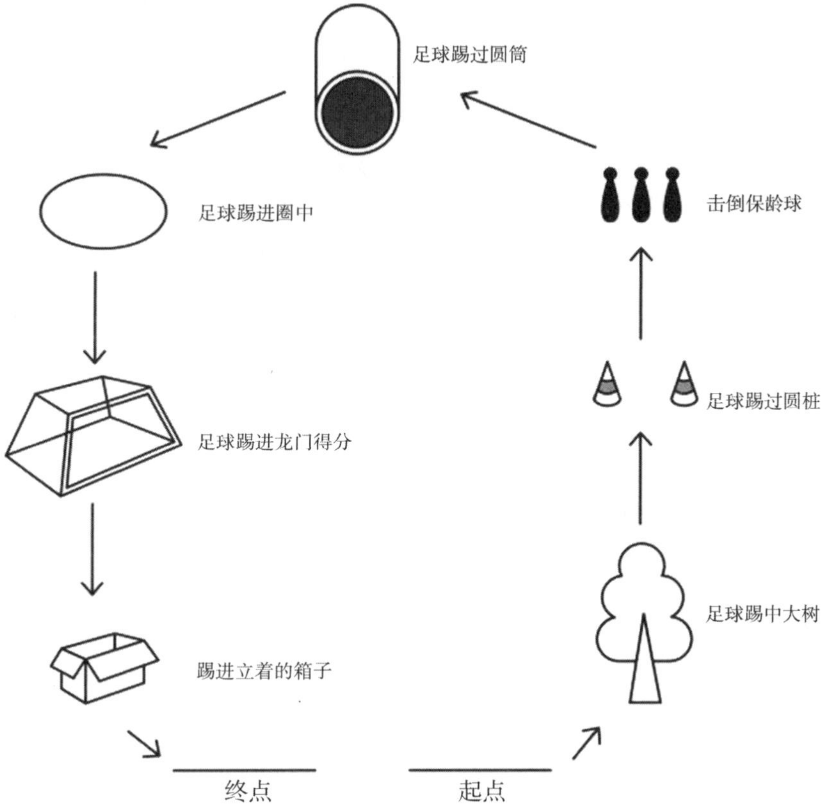

图 11 - 19

4. 体能过四关

在垫子上做屈膝两头起 30 秒、伏地挺身 30 秒，然后跳绳 30 秒，再慢跑至某个距离垫子 100 米的标志物处，然后返回。

5. 火车赛跑

学生排成纵队，左手搭前人的肩，右手握住前人抬起的右脚脚踝，组成一列“火车”。听到信号后，火车集体向前跳 15 米，排头最先到达终点线的队获胜。各队可统一动作节奏，由一人指挥，“火车”若中途脱节，须在原地接好后再前进。在行进中，除排头外，若有人以两脚行走，则被判为失败。

6. 传球技能

学生排成两排，相距 3—6 米错位站立，将球从一端传递到另一端。要求尽可能快、准确地传好球。

图 11 - 20

7. 听天由命

学生由起点跑至约 5 米处拿起卡片，按照卡片上的说明做动作至终点。如：向前跑、后退跑、单脚跳、双脚跑等。

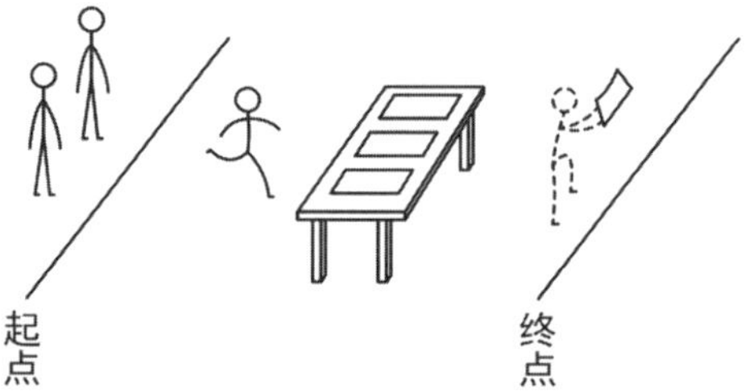

图 11 - 21

8. 离家出走

每人将一个标志盘当成自己的家，盘与盘之间距离 3—5 米。听到信号后，学生可以四处跑动，用一只脚触碰其他的标志盘视为串门。学生两两一组，在串门的过程中可以为对方设置不同的行动指令，同伴合作完成指令。

9. 中球前进

篮球。两组轮流运球投篮，若投中，则本组其他队员可向前运球 10

米，未中则继续原地运球。先到终点的队胜。

图 11 - 22

足球。两组队员轮流运球射门，若射中，则本组其他组员可向前运球 10 米，未中则继续原地拨球。先到终点的队胜。

图 11 - 23

10. 沙包高尔夫

将 10 个呼啦圈散放在场地内，作为高尔夫球洞。距离每个呼啦圈 5—10 米处设置一条投掷线。3—5 人一组，站在投掷线外，可从任何一个洞开始进行投掷。没有投进则将沙包快速捡回重投，全中才可以去投下一个洞。将所有洞全部投完，用时最少的队获胜。

变化 1：改变移动方式或运动技能。比如用跑跳步、并步跳或跨步跳的方式移动。每投中一个呼啦圈，就换一种移动方式或运动技能。

变化 2：用其他器材替代。比如用飞盘替代沙包，用标志桶替代呼啦圈。

四、设置障碍

1. 丛林穿越

在篮球场上设置一些障碍，例如固定的高绳（爬）＋低绳（跨、跳、钻）＋两个跨栏（钻）＋3 张垫子（爬）＋两把梯子架 A 字，学生排好队依次快速通过障碍。可进行个人或集体 PK，用时少者胜。

2. 匍匐前进

在草地、垫子或地板上方设置 50 厘米高的细线若干，学生以匍匐前进的方式进行 PK。触到细线者须回到原点重新开始，用时少者胜。

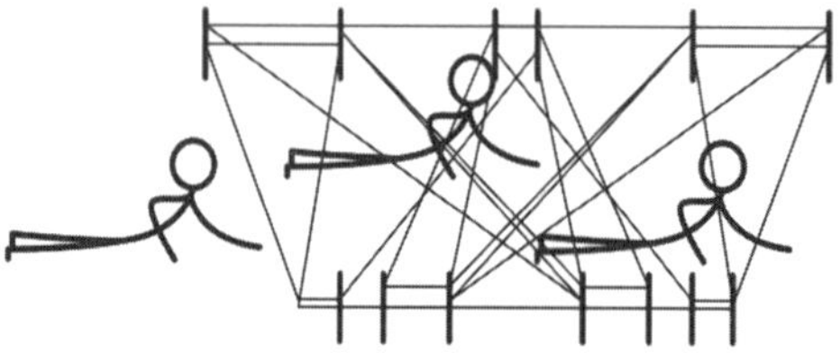

图 11－24

3. 足球高手

学生 6 人一组，每人一球。在场地上摆放 5 个栏架，学生需从起跑线开始向前运球，遇到栏架须从栏架下方运球经过，身体不能触碰栏架。

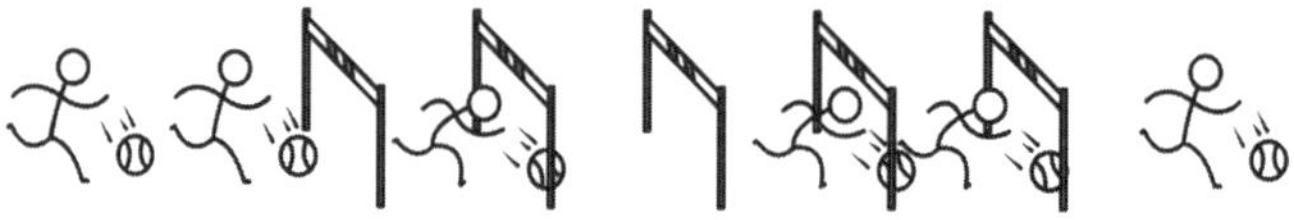

图 11－25

变化：学生站在距终点 30 米处的起点，另需有人站在终点。当站在终点的人背对大家时，大家可以运球前进；当站在终点的人面向大家时，大家要立刻停住。比一比谁先到达终点，谁的停球动作更规范。

图 11－26

4. 拍球过桥

在地上画一个长 3 米、宽 0.3 米的长方形格子，或用平衡木当木桥。游戏者若能用少年篮球从一端顺利地运球（即拍球走）到另一端，即可得 1 分。得分最多者即优胜者。球出格、压线或二次运球均为失误。

5. 闯关比赛

每队 10—12 人，4 队 PK。在 4 条赛道上设置 3 关，每队第一个人同时出发，全部过关用时最少的队获胜。第一关：翻过横梯（2 米高）。第二关：荡过小河（用垂吊的绳子）。第三关：跳 10 个矮跨栏（30 厘米高）。

变化：利用松紧带、球、纸箱进行游戏。第一棒由起点出发，交棒给第二棒；第二棒跨越松紧带，由箱中取出球夹跳至置球点，跨越松紧带，交棒给第三棒……

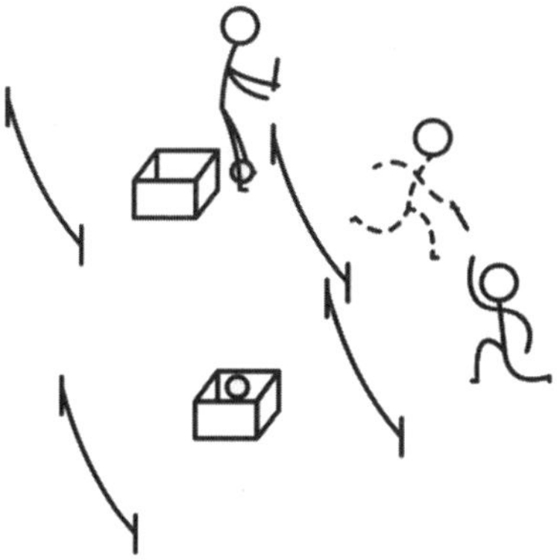

图 11 - 27

6. 保持清醒

两队 PK，每个人手抱直立体操棒转 5 圈，再跑 20 米至呼啦圈处，并从中拿一个小球返回，下一个队友再出发。在规定时间内取回小球多的队胜，或者将呼啦圈里的 20 个小球全部取回用时最少的队胜。

7. 平衡大师

以跑、运球、接 5 次传球的方式通过平衡木，没有失败且用时少者胜。此游戏可以两队或多队 PK。

8. 跳对过关

分组 PK，每组 3—5 人，裁判一人。教师将 10 个体能圈按照金字塔形摆成 4 层，给裁判一张图纸，图纸上标有哪个圈可以通过。游戏开始后，参与者在距离体能圈 10—20 米处，用跳的方式闯关。若遇到不可以通过的圈，须返回换下一位队员挑战，直到开发出一条路并全部通过。用时少者胜。

9. 转圈跳跳

将 5—8 根长皮筋的一端绑在一根立柱上，另一端由人拉着。游戏分为单人练习闯关和分组 PK。可以逐渐提高皮筋的高度或加大跳的难度，提高刺激性。

10. 旋风跑接力

每队 4 组，每组 4 人，8 男 8 女，出场次序、男女搭配不限。每组拿一根 1.8 米的塑料棒，4 名同学单手抓棒。在距离起点 20 米和 40 米处各放一个雪糕桶。每组的任务是沿雪糕桶绕一圈，然后跑回，将棒交给下一组。全部跑完用时少的队胜。

五、过关斩将

1. PK 方式

（1）猜拳

教师将全体学生分成若干组，每组 5 人，两组之间 PK。各组大本营相距 30 米。游戏开始后，双方队员向中间奔跑，相遇猜拳，胜者继续向对方的大本营跑，输者回到本方大本营换第二个人迎战。以此类推，先到达对方大本营的队为胜队。

（2）斗牛

双方队员以单脚跳的方法跳到中间进行斗牛（单脚站立，双手拉住另一脚脚踝），输者下场，新同伴补上，赢者继续。若一队全部输掉，则游戏结束。

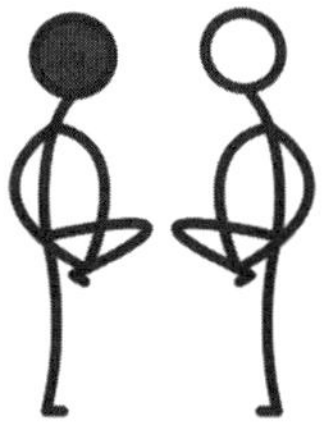

图 11 - 28

（3）答题

在教室内，学生排成两队，相遇后抢答教师提出的问题。问题可包含学科知识、生活常识及公理定律，抢答对者为胜者可以继续比赛，输者下场，换下一位同伴继续比赛。

（4）掷准

飞盘掷准攻城之一：定点掷准。设定两个点，把呼啦圈吊起，第一个点距投掷点约 6 米，第二个点距投掷点约 8 米。学生在第一个点累计掷进

3 个盘可以挑战第二个点。

飞盘掷准攻城之二：攻城。将 9 个标志桶排成一排，在中间的桶上放标志盘，在两端的两个桶上各放在一个呼啦圈里代表各队的大本营。两队 PK，当一队将盘掷进目标，就可以往对方大本营移动一个标志盘，当标志盘移进对方大本营即获胜。

变化：当学生掷进盘时，他可以选择往前移动自己的圆盘，也可以移退敌方的圆盘，看哪队的标盘能最先抵达对方的大本营。

2. 移动

翻滚。用体操垫铺成一条赛道，双方队员从两头向中间以前滚翻的方式相遇，然后进行猜拳，输者返回，输队派出下一个队员继续 PK。直到一队将另一队全部队员 PK 掉，一局结束。

蛙跳。以连续蛙跳的动作进行游戏，还可以加上青蛙的叫声，以增加游戏趣味性。

骑马。每队 12 人，4 人组成人马，马头戴本队太阳帽。两队进行 PK，先将对方帽子摘下的继续往前，输者回到自己大本营，换其他人继续游戏。

运球叠高。5 人一组，每组 10 个叠杯，每人每次拿一个叠杯轮流运球至目的地叠高塔。在运球过程中，如有二次运球或运球失败的情况，则无法叠杯，须回到起点换人比赛。在叠杯过程中，高塔如果倒塌，那么不可重建。获胜条件：3 分钟内，看哪个组的塔叠得最高。

保持原样。设出发和终点两条线，所有人站在出发线后面，听指令向终点出发。指令可以是走、跑，跳、投等位移动作，也可以是双人或者多人一起完成的动作。发令者发出“保持原样”的指令时，所有学生必须静止不动，如果动了，就必须回到出发线。

3. 混战

双向出击。4 队在篮球场四角站立，每队沿边线和端线同时出发，相遇猜拳，输者淘汰，赢者继续。最后按照被淘汰速度和剩余人数计名次。由于“战斗”频繁，淘汰率高，游戏可在移动和 PK 方式上改进，使战斗更加有趣。

三向拔河。将 3 条绳绑在一起，在绳的连接点上设一个标志。以标志点为中心，在地上画一个半径为两米的圆。3 个队分别向 3 个方向拔河，先把标志拔出圆边线的队获胜。

三人拔河。3个人一组，每人一条短绳。一开始3个人互相拉着绳站成等边三角形。游戏开始后，3个人互相拉动绳子，谁先移动双脚谁就输了。

4. 线路

绳梯。用两条10米长的绳梯铺设成线路，双方要用小步跑或者左右交叉步行进到中间进行PK。

标盘。在篮球场上，均匀将红黄蓝橙4种颜色的各10个标志盘放置在篮球场中间，固定线路。4支队进行比赛，各队第一人从对角线同时出发，经过每个标志盘都要摸一下，相遇时进行猜拳PK。输的回到自己大本营，先攻入对方大本营的队获胜。教师可在特殊颜色的标志盘下面设置任务，比如蹲3下、跳5次等。

场地。游戏可使用篮球场、羽毛球场等场地，设置的队数、大本营、线路同上。

六、翻牌

1. 运球21点

两队或多队PK取牌。在每队前20米处放一个呼啦圈，内放1—13张反扣的扑克牌。各队前3名队员需运球前往并各取回一张牌。3张牌相加要等于21点，如果不等于21点，那么由第四名队员运球换牌（将牌扣回呼啦圈并取走另外一张）。最先达到21点的队获胜。

2. 按序翻牌

两队或多队PK翻牌，每队前20米处有13张牌扣在场地上，各队成员依次去翻，每次只能翻一张，要将牌从A到K依次翻开，如果顺序不对，那么必须扣回。按顺序翻完用时少的队胜。

变化：两人拉手，一人指挥，一人翻；3人一组，让站在中间的人翻。

3. 成双成对

两队或多队PK翻牌，每队前20米处有20张扑克牌随机排列成任意图形，各队队员依次去翻，每次只能翻两张牌。翻出相同数字就将它们正面朝上，数字若不同则恢复原状。把全部牌翻完，用时少的队获胜。

4. 团队记忆

两队或多队 PK 翻卡片。每张卡片上写有一个字母，10 张卡片是一个单词。卡片随机排列成任意图形，每队需依次翻开卡片，每次翻一张，若顺序不对，则须扣回卡片。按顺序翻完全部卡片、拼好单词且用时少的队获胜。

5. 找牌

将 4 副扑克牌反扣散放在篮球场内，4 队 PK，听到信号后，快速找牌，比如各队需要找的牌是：K、Q、A。找到牌拿到手上，不对则扣回，先完成者胜。

6. 竖牌

分组 PK，每组 3—5 人。裁判在最上一格的跳箱上放置 5 个木牌，再把红、黄、蓝、绿、白 5 张卡片以任意顺序摆放。每组每次拿红、黄、蓝、绿、白 5 个标盘中的一个，从 12—15 米外跑至跳箱前 2 米处，如果标盘的颜色和跳箱上的卡片颜色一致，裁判就会把跳箱上的木牌竖起，如果不一致则不动，队员返回，换下一位。

7. 翻牌

将两副扑克牌散放在篮球场上，一副正面朝上，一副正面朝下。两组 PK 翻牌，一组把正面朝上的牌翻至正面朝下，另一组把正面朝下的牌翻至正面朝上，规定时间内完成数量多的队胜。

变化 1：在篮球场或者空地上，将雪糕桶分散地在场地内放置，一半立放，一半倒放。全体学生分为两队，一队将桶立起，另一队将桶放倒。听到信号开始行动，在规定的时间内，完成任务多者胜。

变化 2：用身体其他部位，比如用手肘、膝盖、单脚、肩膀、头、肚子、臀部等部位扶起或放倒雪糕桶。

变化 3：逐渐加大难度，将不用的器材散落在场地内，比如标志盘、矿泉水瓶。学生用除手以外的身体部位拾捡器材。

变化 4：两人一组，一个扶正，另外一个推倒。计时 30 秒，看谁完成的任务多。

8. 偷蛋

场地为 15×15 米的正方形，在四角各放一个呼啦圈作为 4 组学生的家，每个学生将自己的沙包当作蛋放在家里。听到信号后，每个组可以沿直角线去相邻的两家偷蛋，每组每次只能有两个人同时出发，等同伴回来之后另外两个人才能够再出发。每人每次只能拿一个沙包，沙包拿回来之后要放在呼啦圈内。不能阻止其他同学拿自己家里沙包。在规定的时间内，家里沙包多的队获胜。

变化：可以将沙包变成足球或篮球，用运的方式偷蛋；也可以使用 3 个不同大小的球，用抱的方式偷蛋。

9. 抢蛋

学生均分成 4 组，分别站在正方形四角，听到教师发令，依次快跑到中间圆圈内抢蛋，并送回自己的大本营。每次只能拿一个蛋，最后蛋多的队获胜。

升级：抢光圈中的蛋后，本队可派 3 个人同时到其他 3 家偷蛋，计时 3 分钟，最后蛋多的队获胜。

注意：每队返回一人，才能再出发一人，每次只能拿一个蛋。

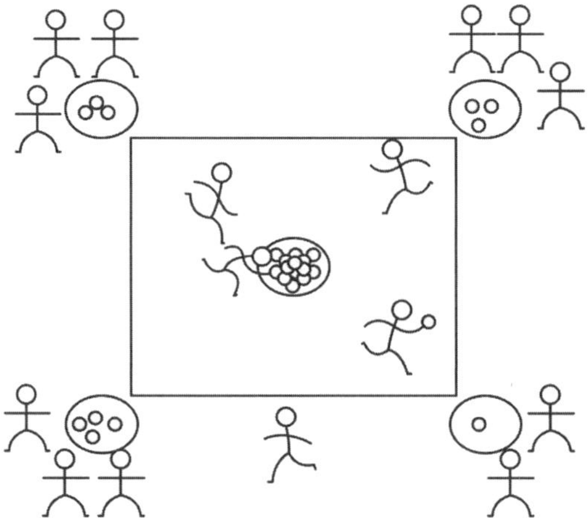

图 11 - 29

10. 捡球

在场地中间放一张垫子，垫子上有 10 个足球，距离垫子 10 米处设开球区。游戏开始后，每个人轮流到开球区等候教师从垫子处滚球过来，拿到球可以随意踢，踢完之后要快速将球捡回，并放在垫子上。

第十二章　特殊任务寻不同

游戏舞

基本玩法

3人一组牵手围圈，各自击掌3次，同时喊“1、2、3”；互相击掌3次，并喊“1、2、3”；各自拍屁股3次，同时喊“1、2、3”；最后喊“嘿、嘿、嘿”。喊第三个“嘿”时用石头、剪刀、布猜拳，直到分出输赢。输者绕其他两人以跑跳步的方式转一圈回原位，游戏继续。

游戏价值

游戏舞组织起来方便快捷，动作简单易学，形式多种多样，可以考验学生记动作、与同伴配合的能力，也可以锻炼学生的节奏感和反应能力，以及各项身体素质，还能激发学生的游戏兴趣。这是一个将猜拳游戏和集体舞巧妙结合在一起的活动，深受孩子们的喜爱。

游戏变化

一、节奏

1. 2拍

拍两次手，跺两次脚，跳过两个圈，手臂抡两个圈猜拳。

图12-1

2. 3拍

自拍3次手，互拍3次，自拍臀3次，喊“嘿、嘿、嘿”并猜拳。

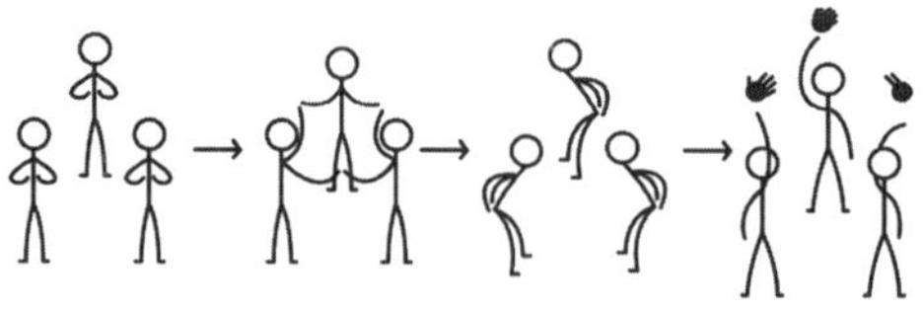

图12-2

3. 4 拍

口中念："1、2、3、4。"同时按照节奏做动作。

4. 8 拍

按照 1、2、3、4/5、6、7、8；2、2、3、4/5、6、7、8；3、2、3、4/5、6、7、8 这样的节奏做出各种动作。重复的次数越多，运动量越大，锻炼价值越大。

5. 拍不同节奏

教师选择不同的歌曲节奏，让学生做出各种动作，保持学生的兴趣，如此效果更佳。

二、动作

1. 拍手

拍法：自拍，互拍。位置：上、下、左、右、头、肩、胸、胯、臀、脚。

2. 牵手

3 人手牵手围圈，领头人做跑跳步、绕圈的动作，其他两人原地拍手。领头人返回原位，与另外两人一起做左手叉腰、右腿侧开、右脚跟点地、右手掌向上呈邀请状等动作，然后收回立正，右手敬礼。3 人同时在自己胸前击两下掌，上肢侧平举，与同伴掌心相击两次，同时，左脚侧开，脚跟点地；接着，再在胸前击掌两下，身体半蹲屈膝，双手在自己的屁股上拍两下。

图 12 - 3

3 人牵手，按逆时针方向做跑跳步。右脚原处跺地 3 下，齐喊："嘿、嘿、嘿！"同时亮出手心或手背，如果大家动作相同，那么仍由原来的人继续当下一轮的领头人。若谁的动作与另外两人不同，那么下一轮换他当领头人。

3. 腿脚

跺脚，并脚跳，踢腿（前后左右），交叉步点地。

4. 移动方式

在完成任务的过程中可以采用的移动方式有很多，教师可以规定动作，也可以让学生自创。

三、形式

1. 噼里啪啦碰

3 人一组。“1、2、3、4”，握握手；“2、2、3、4”，点点头；“3、2、3、4”，摸摸头；“4、2、3、4”，石头、剪刀、布。3 人分别在原地转一圈，猜拳后输者去完成任务。

2. 可爱表情

3 人一组，喊“1、2、3、4”并拍掌，接着按照顺序做动作，猜拳后输者去完成任务，做出规定的表情，如：微笑、大笑、狂笑、哭泣、干号、大哭、可爱等。

3. 兔子舞

3 人拉手围圈，跳“兔子舞”，跳完一遍后手心手背猜拳，手心手背相同的两个人去完成任务。

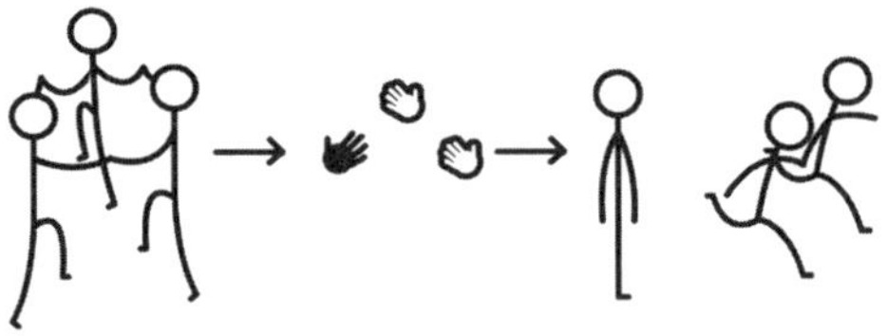

图 12－4

4. 趣味击掌

3 人围成圈，按头上、胸前、肩上的顺序与两侧同伴各击掌 3 次，拉手以跑跳步的方式逆时针、顺时针各转一圈，然后一起喊：“石头、剪刀、布。”猜拳输者去完成任务。

5. 袋鼠跳跳

3 人拉手围圈，按顺序并脚上跳、左跳、右跳各 4 次，与同伴弯腰组成“花瓣”，然后一起喊：“石头、剪刀、布。”输者去完成任务。

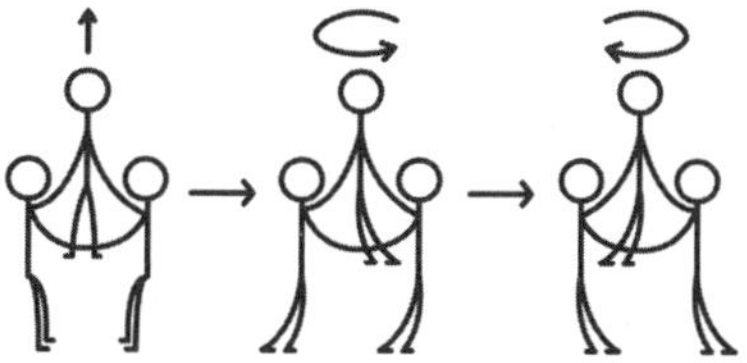

图 12-5

6. 踢腿舞

3 人背向彼此手拉手，“1、2、3、4”，勾右脚向右踢两下；“2、2、3、4”，勾左脚，向左踢两下；“3、2、3、4”，右脚向右前方踢两下；“4、2、3、4”，左脚向左前方踢两下。停下转身，3 人一起喊：“石头、剪刀、布。”输者去完成任务。

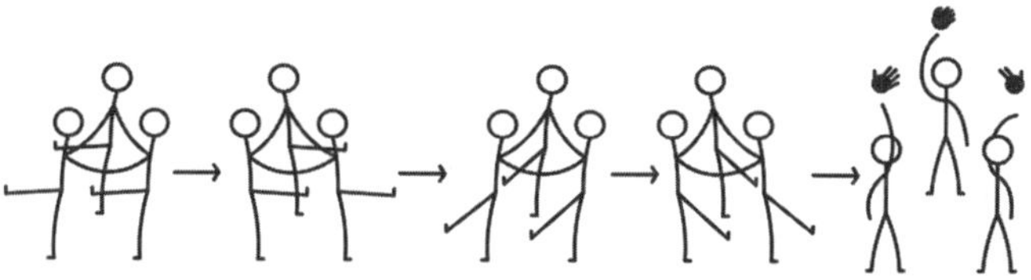

图 12-6

7. 跟我做

3 人前后搭肩，跟排头人做动作。“1、2、3、4”，左脚跟点地。“2、2、3、4”，右脚跟点地。“3、2、3、4”，向前跳。“4、2、3、4”，向后跳。“5、2、3、4”，3 人围圈一起喊：“石头、剪刀、布。”输者去完成任务。

8. 单双脚跳

3 人一组，手挽手站成一排，单脚双脚轮换跳。“1、2、3、4”，左右，右左；“2、2、3、4”，左右，左左；“3、2、3、4”，右左，右右。最后 3 人一起喊：“石头、剪刀、布。”输者去完成任务。

9. 跑圈圈

3 人拉手围圈，向左做一个 8 拍的跑跳步，向右做一个 8 拍的跑跳步，向左做一个 8 拍的后踢腿跑，向右做一个 8 拍的后踢腿跑，然后 3 人一起喊：“石头、剪刀、布。”输者去完成任务。

10. 模仿秀

3人一起喊做：“1、2、3、4”，弓步；“2、2、3、4”，马步；“3、2、3、4”，歇步；“4、2、3、4”，猜拳，输者去完成任务。

四、趣味任务

在游戏开始之前，参与者共同设置好趣味奖惩任务。

1. 赞美

输者对赢者说3声：“你们最棒！你们很棒！你们超棒！”

2. 悄悄话

输者在赢者耳旁小声说：“我欣赏你，你好厉害，你天下无敌！”

3. 承认

输者向赢者大声说：“我输了，不过，我会努力赢回来的！”

4. 爱的抱抱

输者给胜者或胜者指定的人一个真诚的拥抱，也可以抱起该人坚持10秒或背着他绕场一周。

5. 问好

输者需向教师或其他人握手问好。

6. 夸张造型

动作需要坚持10秒钟以上，比如：金鸡独立、白鹤亮翅、怒目圆睁、手搭凉棚、猩猩打哈欠、猴子照镜子等。

7. 打招呼

输者需向指定的物品打招呼（摸一下），比如：一棵树、篮球架、排球网、单双杠、教学楼、窗户、雕像等。

8. 素质练习

输者做10次俯卧撑、15个原地高抬腿、鸭子步走一圈、单脚跳两圈、兔跳一圈等。

9. 学科融合

输的人背一首古诗或者唱一首歌。

五、项目融合

1. 快乐篮球

3 人一组，按照高运球、低运球、左右拉球、前后拉球、换手高运球各 8 拍的顺序原地运篮球，然后 3 人一起抱球猜拳，输者去完成任务。

图 12 - 7

变化：3 人采取三角形站位，相距 3—5 米，各拿一个篮球，按照双手胸前、双手反弹、单手侧传顺序各传 10 次球，然后抱球猜拳，输者去完成任务。

2. 足球少年

3 人一组进行原地足球练习：脚内侧推拨球、踩球、扣球各 10 次，然后猜拳，输者去完成任务。

变化：3 人用 3 个球顺时针传球 10 次，逆时针传球 10 次，拉球 10 次，然后猜拳，输者去完成任务。

3. 排球精英

3 人一组，自垫球 10 个，向上自传 10 个，向下扣球 10 个，最后接球猜拳，输者去完成任务。

变化：3 人一组，按照顺序一传、二扣、三垫做 5 轮，不能失败，完成后猜拳，输者去完成任务。

4. 花样跳绳

3 人一组，原地双脚、单脚各跳一次，交替脚跳各跳 10 次，然后猜拳，输者去完成任务。

变化：6 人分成 3 组，每组一起跳绳，一起跳进跳出各 10 次，然后猜拳，输者去完成任务。

图 12 - 8

5. 乒乒乓乓

3 人一组，左手自颠 10 次，右手自颠 10 次，然后猜拳，输者去完成任务。

六、人数

1. 两人

两人一组进行 PK，可进行各种动作模仿、技能学习，也可以拍手、拍身体部位，然后再进行猜拳，输者去完成任务。

2. 3 人

3 人一组，可以按游戏需要拉手、搭肩、排横排、站纵队，也可以散点站位。

3. 4 人

4 人组可以 PK 出 2 人完成任务，也可由在做动作、学技术过程中出错者完成任务。

4. 5 人

5 人组除能进行组内对抗外，还可以进行组与组之间的对抗。

5. 多人

多用于组与组的对抗，需要找出一个领袖和几个关键角色，他们能让团队更加凝聚。

七、＋音乐

1. 快三

学生可以合着快三舞曲，做各种动作，也可以牵手跳快三舞步。

2. 快四

合着快四舞曲，做各种动作，也可以牵手跳快四舞步。

3. 中三

合着中三舞曲，做各种动作，也可以牵手跳中三舞步。

4. 中四

合着中四舞曲，做各种动作，也可以牵手跳中四舞步。

5. 探戈

合着探戈舞曲，做各种动作，也可以牵手跳探戈舞步。

6. 合音

可用学生喜欢的《拍手歌》《找朋友》《少年，少年》《和快乐在一起》《童年》《卡路里》等歌曲做伴奏，大家再一起喊口令：“1、2、3、4/2、2、3、4……”

7. 控制

音乐停，学生做“石头、剪刀、布”定输赢，也可以一起喊：“嘿、嘿、嘿。”然后出手心或手背。

8. 信号

教师可将歌曲中某一个字设置成信号，当学生念到或者唱到这个字时就停止动作，进行猜拳。

第十三章　挥手之间定江山

写字画画

基本玩法

学生通过肢体或器材写出、画出、摆出、拼出不同的“字”或“画”，达到锻炼身体的目的。要求“字画”与生活、学习相关，具有一定的教育意义。

游戏价值

“写字画画”游戏规则简单易懂，容易操作，随时随地可进行，而且千变万化，实用性极强。它能培养学生的创造力，提高学生的注意力、合作能力、沟通能力、反应能力、奔跑能力和各项身体素质，起到育心健体的作用，同时能够充分地调动学生的积极性，是一个深受师生喜爱的游戏。

游戏变化

一、动作

1. 指腕

伸直手臂转动手腕，伸出食指较大幅度地写字，如：“我喜欢体育”“我爱打篮球”“运动让我更加自信”等等。还可以让学生左右开弓，增加难度，从而练习注意力分配。

2. 臂肘

臂：两臂往前伸直，两手手指交叉外翻，用直臂写字作画，如写英语 I love studying，画一个笑脸，画一棵大树，等等。每个笔画都要用两臂的最大伸展度书写。

肘：手臂内屈，用肘快速写字作画。还可以用两肘同时画圆，或同时写某个词语。

图 13 - 1

3. 头肩

分别用头和肩写字作画，同时大声喊出每一笔画，动作幅度要大。

头：用头上、下、左、右画圆，写“我最喜欢体育课”，画一朵花。

肩：双手叉腰，用肩写“校园文化，丰富多彩，莘莘学子，茁壮成长”。

4. 臀部

双脚开立，双手叉腰，用臀部书写。动作幅度要大。例如：“我是最棒的!”双手上举、侧平举更有趣味性。

图 13 - 2

5. 膝腿

双脚并拢，以双手扶膝，屈膝书写；以髋关节为轴用一条腿书写，另一条腿做支撑。

图 13 - 3

6. 双脚

用双脚跳的方式写字画画，比如画一个大圆，写一个“大”字。

7. 单脚

用单脚跳的方式书写。

8. 跑步

用跑步的方式书写，比如根据场地大小，跑一个大大的“中国”。

9. 爬行

用爬行的方式写字，比如写“一、二、三”。

10. 肢体

用平躺、侧躺、拱桥等肢体动作进行集体配合，写出许多数字或者做出植物、动物等的造型。

二、＋器材

1. 球类

游戏融入篮、排、足、乒、羽等球类项目的技术动作，通过摆、拍、运、投等动作练习技术，又通过写字作画让枯燥的练习变得有趣味性。学生的注意力在“字画”上，忘记了枯燥，提高了练习效率。

2. 拍子

乒乓球、羽毛球、网球等拍子可作为挥击、弹击、描绘、书写等动作的器材。比如：用网球拍在地上以网球弹地的轨迹写“OK”“你好”“我爱网球”等字，还可以用拍子挥击羽毛球在墙上打点。

3. 跳绳

可跳、可舞、可单、可双、可众、可画、可拼，用跳绳“写字画画”的形式多样，比如用跳绳的方式写“井”字。

4. 棒子

棒子形状不限，可长可短，可大可小，可粗可细，用棒子可以进行拼字画图，还可结合武术棍、竹竿舞等演化成许多课例。

5. 碟子

塑料或泡沫的飞盘、标志碟、标志盘，这些轻便灵活、色彩鲜艳的碟子可写字作画，飞掷投准，拼字堆图，是随处可用的一种器材。

6. 粉笔

粉笔是一种简单方便的器材，可以写字、画画，结合跑、跳、蹲等动作效果更佳。

7. 纸牌

扑克牌、纸片、纸板均可用来写字作画、拼图拼字，材料不同，方法不一，可根据实际选择。

8. 彩带

彩带可以用来热身，如写文字，绘出艳丽的画卷。

9. 垫子

我们可以在垫子上书写，用垫子拼摆成图形，还可以在垫子上做动作。

10. 沙包

教师将全体学生平均分成若干小队，排成纵队，学生之间相距 3—5 米，每队有 20 个沙包。听到信号后，队员由前往后把沙包抛给下一个队员，如此重复。沙包抛完后，学生就跑到队尾。最后大家一起用沙包在地上摆出一个与本校校训有关的字。比一比，看哪队率先完成。

三、人数

1. 百变人体

以个人为单位组成“字画”是最基础的玩法，学生可以躺在草地上，贴在墙上，看谁摆得快、多、难。

2. 如影随形

两人一组面对面站立，或一人写字作画，另一人当镜子，增强趣味性。两人合作进行字画创作，接到任务后迅速进行沟通交流。看谁能又快又好地完成任务。

3. 三人成众

3 人一组，进行拼 3 个相同字比赛，如众、晶、森、淼、焱等。学生还可以利用肢体的变化组成更多的字，如小、水、永、山、中、大、本等。

4. 排山倒海

10—20 人一排，肩搭肩，然后利用脚步写字，如一、口、人等。

5. 一字长蛇

人数根据情况而定，学生前后站成纵队，用走、跑、跳、蹲走、蹲跳等形式写字画画。

6. 万紫千红

学生 8—10 人一组，选出组长负责指挥，其他人按照要求进行肢体写字作画比赛。比如：各组同学肩搭肩集体跳向指定位置“开花”，自由创作，百花齐放。

7. 万众一心

全班参与，以个人为“点”，通过一系列的“点”组成笔画和线条，最后构成大“字画”。这种方式组成的“字画”既好看，互动性又强，如果以航拍记录画面，那么能让学生看到自己的成果，增强其成就感。

四、内容

1. 誓言

在游戏中写出誓言或口号，学生还要有力度地喊出声。比如：“强身健体，从我做起”“阳光少年，舍我其谁”“好好锻炼，身心健康”“好好学习，天天向上”等等。

2. 名字

可以拼出自己的名字、好友的名字、城市的名字等。

3. 难字

可写笔画多、容易错的字，比如：嬴＝亡口月贝凡；舒＝舍＋予。

4. 成语

教师可以根据学生的学段水平，让其写出不同的成语。要求动作到位，舒展大方，姿态优美。

5. 异字

要求学生摆出与众不同的“字画”，可以是英文字母、阿拉伯数字、罗马数字等，一人一种或一组一种，不可重复。这可以充分发挥学生的想象力，让他们开动大脑，活跃思维。

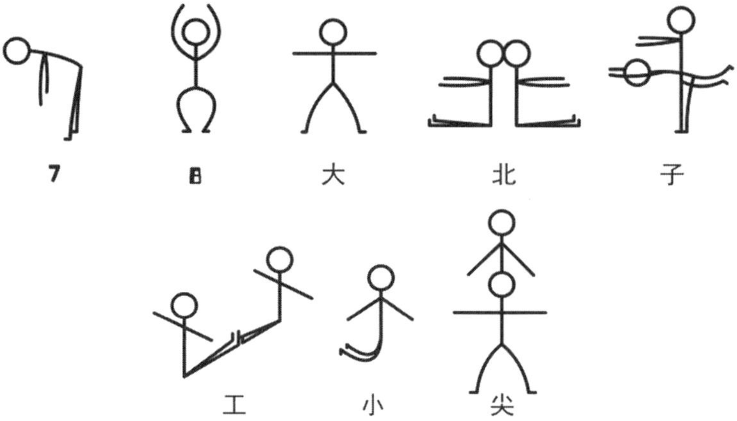

图 13 - 4

6. 图画

教师可以要求学生根据自己的记忆和理解画出学校地图、小区地图、城市地图、家乡地图、省份地图、中国地图；还可以让他们画出花环、绳子、树、桌椅、生活用品等。这可以让学生养成观察思考的习惯和爱家爱校的品质。

7. 搞笑

用肢体表现极致表情，比如：大哭、大笑、大叫、激动、疯狂、惊讶、愕然、不屑、愤怒等。这样可以引起学生的兴趣，释放其激情，活跃活动气氛。

8. 动物

学生可以模仿飞禽走兽的动作姿态、行走方式，结合双人、多人的变化，再配上音乐，使整个游戏连贯顺畅。比如用鸟儿飞翔的方式到达“创作区”，摆出各种造型。

9. 植物

学生可以模仿花草树木的形态、生长过程等，结合舞蹈动作，用肢体表现生命的活力。

红花绿叶　　花朵

图 13－5

10. 环境

模仿风雨雷电等自然现象，或生活环境中的各类事物，旨在培养学生观察生活的习惯和创造性思维。

轿子　　山洞　　推车　　过桥

图 13－6

五、规则

1. 闻声而动

用音乐所包含的内容告知学生需要完成何种任务，如听歌摆歌名，听句子摆最后一个字。不同的分组使用不同的音乐，还可交叉使用音乐，结合各种动作，妙趣横生。

2. 闻讯而动

可通过哨音、卡片、图画来传递讯息，从而增加趣味性。每组派出代表通过各种方式（素质练习、趣味练习）获得讯息，代表再将讯息传递给队友，再由全体完成“字画”。

3. 你说我画

每组派出一名指挥家，其余组员戴上眼罩，各组在指挥家的指挥下完成“字画”。

4. 限时任务

对游戏时间进行限制，在规定时间内完成“字画”数量多的组获胜。

5. 奋勇争先

教师发布相同内容的“字画”任务，各小组分工协作，最先完成的组获胜。游戏中，教师要注意人数、性别均衡及作业条件等问题。

6. 穿越火线

在创作字画的过程中加上各种障碍物，如雪糕筒、铁丝网、海绵垫、木箱，这样可以锻炼学生的弹跳能力、身体协调能力和快速反应能力。

7. 近义词、反义词

一组摆出事先想好的词，另一组迅速想出该词的近义词、反义词。采取此种游戏形式时，教师应考虑学生的年龄段及文化水平。此游戏不仅可以活动身体，还可与学科结合。

8. 小小数学家

教师给出不同的数字，学生根据自己或本组的任务卡（如：加 3、减 5、除以 2 等）摆出计算结果的数字。教师要事先准备好数字和任务卡，防止无法计算等特殊情况出现。

9. 趣味盎然

用各种器材摆出不同的“字画”，比如沙包、羽毛球。教师还可结合羽毛球的发球技术，让一名同学发球，让另一名同学通过单腿跳的方式拾球返回创作区创作“字画”。其中还可加入躲避沙包的游戏方式，甚至可将多个游戏串联在一起，形成一系列的游戏站点，使一堂课变得趣味盎然。

10. 你拆我补

全体学生分成两队，每队各有一个用羽毛球事先摆好的字，每次各派出一名队员从对方字中抽出一个羽毛球填补自己队伍的空缺。往返击掌接力进行。在规定时间内“字画”保持得最好的队伍获胜。在游戏过程中，教师要向学生强调，不能刻意破坏对方的字。

11. 极速置换

全体学生分成两队，每队各有一个用羽毛球事先摆好的字，每次各派出一名队员从对方的字中抽取一个羽毛球替换自己队伍的一个羽毛球，最先完成更换的队伍获胜。应保证事先准备的羽毛球的数量一致，双方队伍人数一致，羽毛球颜色不同。

12. 器械摆画

学生奔跑到器械区获得器械，再奔跑到创作区摆“字画”。器械可以是篮球、排球、足球，若器械掉落则需要重新捡起继续游戏。

第十四章　蹦蹦跳跳真可爱

兔子舞

基本跳法

一群人围成一圈，双手搭在前者肩膀上，按照“左、左、右、右、前、后、前前前”的基本音乐节奏，跳出左（左脚抬起）、左（左脚抬起）、右（右脚抬起）、右（右脚抬起）、前（双脚向前跳一步）、后（双脚向后跳一次），前前前（双脚向前连续跳三次）的舞蹈动作。

音乐歌词：

left left right right go turn around go go go

left right left left right right

left left right right go go go

left left right right go turn around go go go

Jumping grooving dancing everybody

Rolling moving singing night & day

Let's fun fun together

Let's play the penguin's games

Smacking beating clapping all together

游戏价值

兔子舞动作简单、美观、大方，是吸收其他舞蹈精华而成的一种新型校操，也可以说是舞蹈形式。它既有舞的风采，也有操的灵活，易于普及，深受广大师生的喜爱。这种集体娱乐舞蹈注重游戏者的协调配合。听从统一口令（音乐），全神贯注地做出统一动作，这有助于培养学生之间的感情，同时让大家体会沟通与合作的美妙。

游戏变化

一、连接

1. 捏耳朵

前后站，每个人用双手轻轻捏住前面人的两只耳朵；也可以左右站，分别捏住左右两边人的一只耳朵。

图 14 - 1

2. 搭肩

前后站，每个人双手搭在前面人的肩上，脚下动作不变。可以单手搭肩，另一只手做动作，也可以双手搭肩。要求动作一致，有力度。

图 14 - 2

3. 搂肩

左右站，每个人双手搭在两边人的肩上，脚下动作可以是前、后、侧踢，前、后、侧点，前、后、侧跨，等等。

图 14 - 3

4. **抱腰**

前后站，每个人双手抱着前面人的腰，脚下动作不变。

图 14 - 4

5. **臂绕脖子**

每人的右臂绕过脖子与后一人的左手相拉，然后在这种较困难的情况下跳兔子舞。

图 14 - 5

6. **胯下拉手**

每人体前屈，将自己的左手通过胯下，与后一人的右手相拉，然后在这种别扭的情况下跳兔子舞。

图 14 - 6

7. **背抱**

前面的人两臂向后环抱住后面人的腰，脚下动作不变。

图 14 - 7

8. 拉手

前后、左右拉手连接，组成一个小组，多个小组组成一个方阵，脚下的动作和站位可以有很多变化。

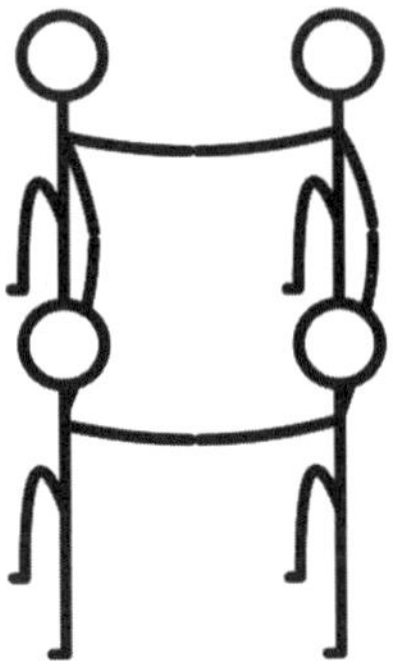

图 14－8

二、跳法

基础舞步共有两个 8 拍动作。第一个 8 拍：1 拍跳起，同时侧踢左腿，成 30°角，2 拍跳成并立，3—4 拍同 1—2 拍，5—8 拍同 1—4 拍，但方向相反。第二个 8 拍：1—2 拍并腿往前跳一次，3—4 拍同 1—2 拍，但方向相反，5 拍并腿往前跳一次，6—7 拍同 5 拍，8 拍保持直立。节奏为左左（1—4 拍）、右右（5—8 拍）、前（1—2 拍）、后（3—4 拍）、前前前（5—8 拍）。

1. 收腿跳

同基础舞步，但把侧踢腿跳换成收腿跳。

2. 后踢腿跳

同基础舞步，但把侧踢腿跳换成后踢腿跳。

3. 侧并步

第一个 8 拍，1 拍左脚侧迈一步，2 拍右脚并左脚，3—4 拍同 1—2 拍，5—8 拍同 1—4 拍，但方向相反；第二个 8 拍同基础舞步，保持不变。

4. 交叉步

第一个 8 拍，1—4 拍往左后做交叉步，5—8 拍往右后做交叉步；

第二个 8 拍同基础舞步，保持不变。

5. 转圈

第一个 8 拍同基础舞步；第二个 8 拍，1—4 拍不变，5—8 拍转圈并腿跳。

6. 开合跳

第一个 8 拍，1—4 拍往前开合跳，5—8 拍往后开合跳；第二个 8 拍同基础舞步，保持不变。

7. 并步＋开合

第一个 8 拍，1 拍向前并步跳，2 拍向前开合跳，3、5、7 拍同 1 拍，4、6、8 拍同 2 拍；第二个 8 拍同第一个 8 拍，但方向相反。

8. 鬼步

按照兔子舞的节奏，用鬼步舞的动作跳出不一样的效果。

三、队形

1. 纵横

参与者分成数路纵队，前后搭肩，各路分成两部分面对面站好，中间有一定距离。各队通过“前前前”向中间移动，接近相遇时，突然向后转，向原来的位置移动，如此反复。也可以左右搭肩，还可以进行队形变换：一路纵队变二/三路纵队及还原，二路纵队变三路纵队及还原，一列横队变二/三列横队及还原，二列横队变三列横队及还原，以及变 S 形、螺旋形等。

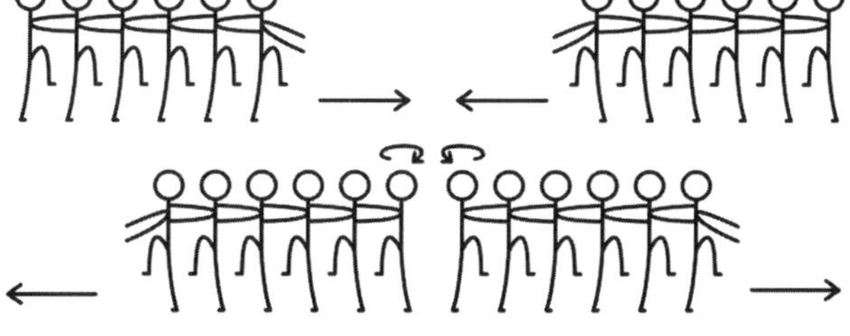

图 14 - 9

2. 三角形

参与者排成三角形跳舞。

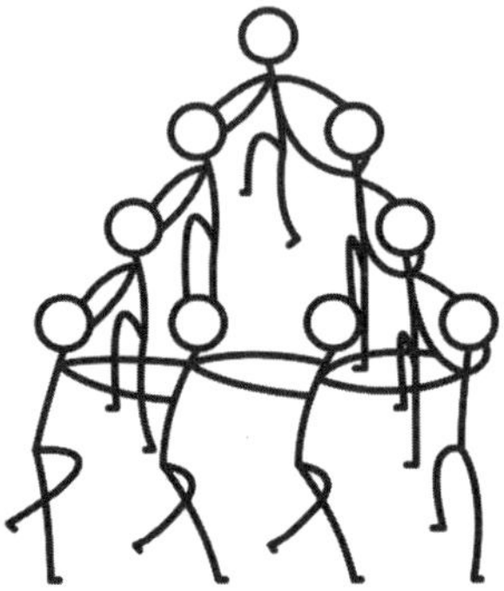

图 14 - 10

3. 双人

两人一组跳后踢腿兔子舞，跳至“前前前”时，更换舞伴，重新组合。加上手部动作能产生非常多的变化，手部动作可以是手臂自后向前旋转、双手上举、胸前击掌或头上直臂击掌等。

4. 一条龙

所有人站成一路纵队，后面同学双手搭前面同学的肩膀，跟着节奏跳兔子舞的基础舞步。

5. 一字形

所有人手拉手站成一排，跟着节奏一齐跳侧并步兔子舞。

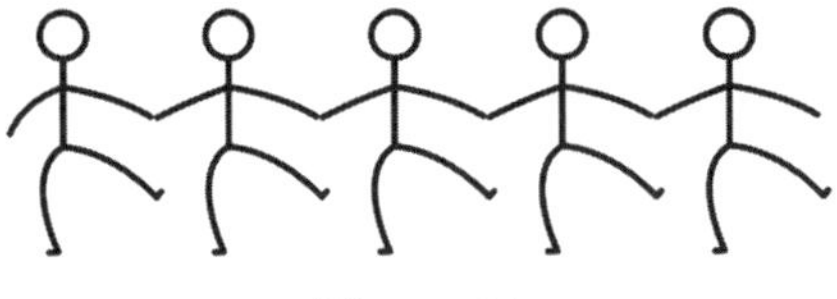

图 14 - 11

6. 圆形

所有人手拉手围成一个圆圈，跟着节奏跳转圈兔子舞，每跳至“前前前”时，向后转。

7. 同心圆

8 人一组围成内圆，12 人一组围成外圆，跟着节奏跳圆形兔子舞。还可以 4 人一组，每组之间可以换位置。

8. 各种形状

参与者根据人数排成各种各样的形状跳舞蹈。如十字形、米字形、方形、菱形、五角形、六边形，以及各种字母字形等。

四、组织

1. 双人

两名学生前后一臂距离同向站立，练习时前面学生双手叉腰，后面学生双手搭在前面学生的肩上，重复练习。

变化 1：两名学生相对站立，距离 1—1.5 米，前面的动作同基础舞步，在原地换脚向前跳动的过程中完成 180°转体，两名学生交换方向，重复练习。

变化 2：两名学生相对站立，距离 1—1.5 米，向前跳动作改为原地跳动作或沿逆时针方向跳转 90°，同时双手在胸前与同伴击掌 3 次。

变化 3：两名学生相对站立，距离 1—1.5 米，连续向前跳动作改为原地跳动作，同时双手在头上、胸前、腹前各击掌一次，也可以反方向进行。

2. 4 人

4 人一组，前后一臂距离，左右间隔两臂，练习前纵队 1—2 报数。在向前跳越阶段，第一遍练习时数 2 的学生原地练习，数 1 的学生连续向左侧跳动 3 次，每次距离约 30 厘米；第二次练习时，数 1 的学生原地练习，数 2 的学生连续向左侧跳动 3 次。

3. 8 人

两路纵队成体操队形散开，相向站立，纵队 1—2 报数。第一遍连续向前跳跃时，第一路数 1 的学生连续向左前方跳动 3 次，距离每次约 30 厘米（下同），数 2 的学生向右跳动 3 次，跳动距离相同。第二路数 2 的学生向左侧跳动 3 次，与第一路移动过来的学生交叉前后对正。第二路数 1 的学生向右侧跳动 3 次，两名学生前后对正。第二次向前跳跃时，第一路向侧后方跳动 3 次，第二路站在第一、三位的学生向右侧跳动 3 次，与移动过来的学生对正。

4. 多人

10 人以上的练习，以 12 人一组为例。学生成圆形站位，面向圆心，左右两臂间隔一定距离，练习前由排头至排尾 1—2 报数，需向前跳时首先由数 1 的学生连续向前跳 3 次，跳动结束成一小圆；数 2 的学生向后跳 3 次，成一大圆，与内圆成同心圆。第二次练习时，可交换跳跃方向。

五、动作

学生应始终跟着音乐节拍，通过上下肢动作的变化进行舞蹈。

1. 上肢

做各种各样的动作，如挥手、摆臂、敬礼、握拳等。

2. 下肢

单（双）脚跳、前（后）踢腿、左（右）踢腿、跨步、高抬腿、结合跑跳步移动等。

3. 前前前

小步跑、转身、跑两步做各种各样动作定型等。

4. 双脚跳

双脚并脚跳，左、左，右、右，前、后，前前前，或者后后后。

6. 篮球动作

每人拿一个篮球，第一个 8 拍：1—4 拍左手原地运球两次，5—8 拍换右手运球两次。第二个 8 拍：1—2 拍右手运球往前移动，3—4 拍往后移动，5—8 拍往前移动 3 步。

7. 乒乓动作

跟着“兔子舞”音乐节奏配合步法，徒手做打乒乓球的技术动作，如推挡球、发球、搓球、攻球等。

8. **足球动作**

跟着音乐节奏，做无球的踢足球技术动作，如脚背正面运球、脚内侧运球、脚外侧运球、正脚背踢球等。

9. **羽毛球动作**

跟着音乐节奏，第一个 8 拍：1—4 拍小碎步向右前方做网前击球动作，5—8 拍交叉步向右后方做击高远球动作。第二个 8 拍与第一个 8 拍动作相同，方向相反。

10. **徒手练习**

篮球投篮、篮球滑步、篮球运球、篮球传球；排球垫球、排球传球、排球扣球、排球拦网；足球、毽球、羽毛球、乒乓球等均可以编成兔子舞。大家围在一起做动作，可以互相鼓励，互相纠正，此形式特别适合开展小组合作学习。

六、歌词

1. **原歌词**

根据兔子舞音乐的节奏，所有参与的人边跳边大声地喊出节奏，这个效果非常好。基本口号：左、左，右、右，前、后，前前前！

2. **古诗词**

利用古诗词做歌词，例如：锄（左）、禾（左）、日（右）、当午（右），汗滴（前）、禾下土（后），谁（前）、知（后）、盘（前）、中（前）、餐（前），粒（前）、粒（后）、皆（前）、辛（前）、苦（前）。

3. **练习口诀**

把学习动作技术的口诀融进来，如双手胸前传接球技术口诀：“蹬地伸臂手翻腕，手指拨动把球传。身体随球前移动，动作协调要自然。”

4. **标语口号**

利用地名当歌词，如：北、京、欢迎你，欢、迎，欢、迎、你！中、山、欢迎你，欢、迎，欢迎你！欢、迎、欢迎就，来、到、某某地！

5. 励志话语

例如：我、行、我、能、我、会，我最棒！阳光、体育、锻炼、健康、团结、向上，有力量！

七、难度

1. 企鹅

跳侧并步兔子舞时，双手侧下摆，压手腕，掌心与地面平行，跳侧并步时稍扭转身体，似企鹅一般。

2. 机器人

第一个 8 拍：1—2 拍左脚侧迈，右手摆至体前且制动，3—4 拍左脚原地踏步，5—8 拍同 1—4 拍，但方向相反。第二个 8 拍：1—2 拍左脚往前迈并制动，3—4 拍右脚原地踏步并制动，5—8 拍往前走 3 步，协调摆臂并制动，似机器人一般。

3. 击掌

跳后踢腿兔子舞时加上击掌，第一个 8 拍两拍击一次掌，第二个 8 拍，1—4 拍两拍击一次掌，5—7 拍击掌 3 次，8 拍还原。

4. 分掌

踢腿跳兔子舞步法，第一个 8 拍：1—2 拍左手摆至侧平举，右手摆至肩上屈，五指分开，掌心朝前，3—4 拍同 1—2 拍，5—8 拍同 1—4 拍，但方向相反。第二个 8 拍：1—4 拍两拍一动，5—7 拍一拍一动，“左右左”肩上摆臂，8 拍还原。

5. 花球

每人双手各握一个花球，第一个 8 拍：1—4 拍为并腿跳两次，左手肩上冲拳两次，5—8 拍为并腿跳两次，右手肩上冲拳两次。第二个 8 拍步法同基础舞步，1—4 拍双手叉腰，5—8 拍双手由下向上由内往外绕一圈。

第十五章　猜拳行令功夫深

石头、剪刀、布

石头、剪刀、布是一种猜拳游戏，它在各地有其独特称呼。这是一种在儿童和青少年中广泛流传的手技游戏，有时跟“掷硬币”“掷骰子”有相同的功能——用来产生随机结果，以做决策。但有时它并不随机，因为玩这个游戏是有一定技巧的，游戏者可以根据经验判断对手的手法。在很多情况下，如在“飞盘争夺赛”运动中或在“大学辩论赛”赛场上，人们用“石头、剪刀、布”来决定队伍的先手权。

游戏规则

两个玩家先各自握紧拳头，然后其中一人或者两人一起念出口令，在说完最后一个音节的同时，两个玩家出示自己心中想好的手势（剪刀、石头、布）。

石头：握紧的拳头。

剪刀：中指和食指伸直，其余手指握紧。某些国家（例如韩国、日本）以伸直大拇指和食指代表剪刀。

布：五指伸直，张开手掌，手心向下或向上。

通常这种简短的比赛可能会被重复多次，以三局两胜或五局三胜来决定胜负，也有可能是一局定胜负。

游戏口令

不同地区对“石头、剪刀、布”这个游戏有不同称呼。中国大部分地区都叫“石头、剪刀（剪子）、布”或“剪刀、石头、布”。

历史渊源

猜拳在中国古代有“招手令”“手势令”“豁指头”等名称，几乎都用于在酒桌上拼酒量时验明对手的清醒程度，包含十几种手势，对反应速度、心算能力和手指灵活性等方面都有要求，规则较为复杂，而且不同地区有不同的玩法。如：两人出拳猜拳，所猜之数为两人出拳的数字之和，若一方喊出的数字正好是两人所出之数的和，即赢。划拳时起拳要喊“好”并配合一定的手部姿势，不同的姿势配合口中喊出的话语，能很好地起到烘托现场气氛的作用。

与之相比，石头、剪刀、布就简单容易得多。

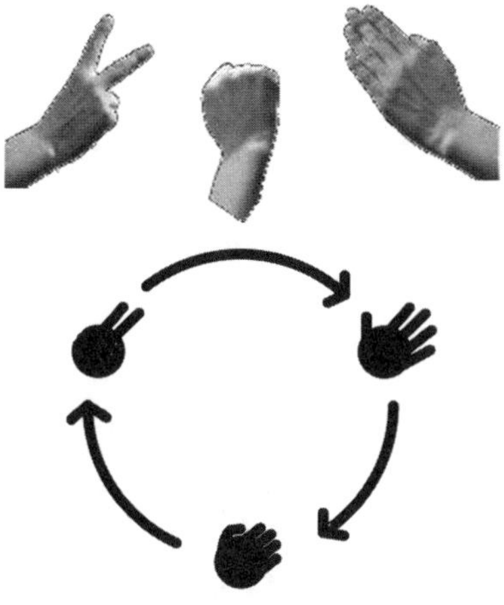

图 15 - 1

基本玩法

游戏开始前喊“1、2、3”或“石头、剪刀、布”，然后出手，石头赢剪刀，剪刀赢布，布赢石头，出得慢也算输，出一样的则打平。输的一方须接受事先约定的惩罚或完成相应的任务。

游戏价值

“石头剪刀布”是一种猜拳游戏，因其规则简单明了、易于操作、形式多变，往往作为一种工具类游戏。由于游戏结果的不确定性，每个参与者都有可能成为胜利者，这让参与者产生不同的情感刺激和情感体验。合理设计游戏，可以对学生的反应力、注意力、身体素质、团队合作能力等起到非常好的锻炼效果。

游戏变化

一、动作

1. 头等大事

抬头—石头，头向左侧—剪刀，头向右侧—布。

图 15 - 2

2. 大显身手

交叉上举—剪子，侧平举—布，屈臂双手抱于头后—石头。

图 15 - 3

3. 指头功夫

玩法 1：拇指代表石头，食指代表剪刀，小指代表布。

玩法 2：拇指、食指同时向上，其他指手攥紧，这代表石头；拇指、食指同时向下，其他手指攥紧，这代表剪刀；食指、小指同时向上，其他手指攥紧，这代表布。

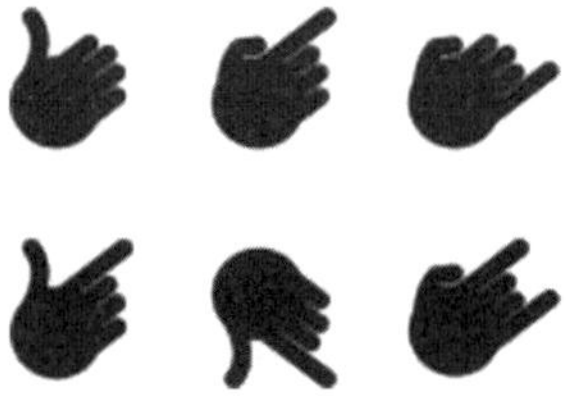

图 15 - 4　玩法 1 和玩法 2

4. 神腿无敌

两腿并立—布，两腿“O”形腿站立—石头，两腿“X”形腿站立—剪刀。

图 15 - 5

5. 脚下生风（脚底开花）

站立出右脚（稍息动作）—布，站立出左脚—石头，跨立—剪刀。

图 15 - 6

两脚左右开立—布，两脚前后开立—石头，两脚交叉—剪刀。

6. 全身运动

屈膝下蹲—石头，两脚开立、两手臂胸前交叉—剪刀，两脚开立、两臂侧平举—布。

图 15 - 7

7. 表情帝

石头＝噘嘴，剪刀＝张嘴伸舌，布＝张大嘴。

石头＝瞪眼，剪刀＝一睁一闭，布＝眯眯眼。

石头＝五官集中，剪刀＝歪嘴，布＝龇牙。

8. 双管齐下

石头＝左手出石头（基本玩法）＋右手出拇指代表石头；剪刀＝左手出剪刀（基本玩法）＋右手出食指代表剪刀；布＝左手出布（基本玩法）＋右手出小指代表布。

双手不一致或输都要受惩罚或完成相应的任务。

图 15－8

9. 手脚并用

石头＝两脚并拢＋手出石头；剪刀＝两脚左右交叉＋手出剪刀；布＝两脚开立＋手出布。

需要手脚同时一致，错或输都要受惩罚或完成相应的任务。

图 15－9

10. 猜拳乐

先念口诀，再做动作，易学易做，将猜拳穿插其中，趣味横生。以手猜拳，以脚猜拳，以身体猜拳，音乐的选取以节奏清楚、中速的 4 拍子为佳，另要 4 个 8 拍反复。

口诀：踏并踏踢，踏并踏踢（4 拍×2 次）；退二三四，剪刀、石头、布（8 拍×1 次）。

赢者：太棒了！太棒了！太棒了！太棒了！

输者：怎么了！怎么了！怎么了！怎么了！

平手：真快乐！真快乐！真快乐！真快乐！

动作：（1）两人面对面，牵双手同方向踏并踏踢（4 拍）：右、左、右、左。

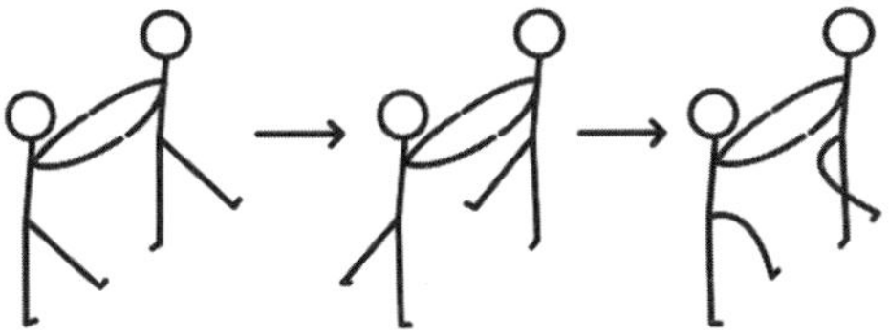

图 15 - 10

(2) 换脚，踏并踏踢（4 拍）：左、右、左、右。

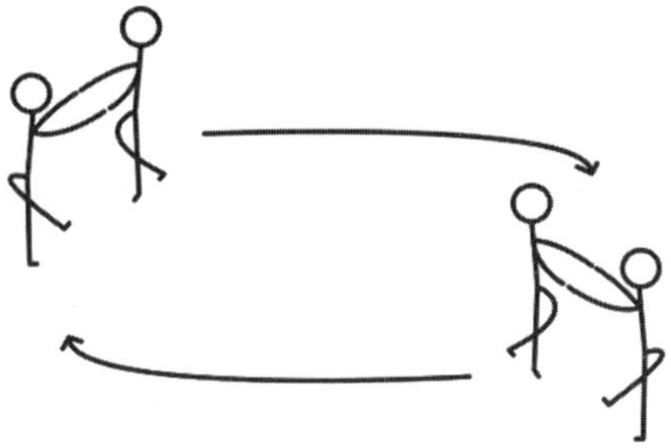

图 15 - 11

(3) 退后 3 步（4 拍）：双足原地跳 3 次并喊剪刀、石头、布，喊“布”时出拳。

图 15 - 12

(4) 同时进行，赢者（8 拍）原地拍手、踏右足 4 次；输者（8 拍）自转一圈摸头踏右足 4 次；平手（8 拍）牵双手，双足跳 4 次，转一圈。

图 15 - 13　赢者和输者的动作

二、+器材

1. 篮球旋风

原地单手肩上投篮动作代表布，双手胸前传球动作代表石头，持球交叉步脚步动作代表剪刀。两人一组或多人一组进行对决，输的绕对方运球一圈。

图 15 - 14

2. 体操王子

上举代表石头，前举代表剪刀，侧平举代表布。两人一组或多人一组进行对决，输的做一个 8 拍的动作练习或完成事先约定的任务。

图 15 - 15

3. 武林高手

弓步代表石头，仆步代表剪刀，两臂向前冲拳代表布。两人一组或多人一组进行对决，输的打一套武术套路或完成事先约定的任务。

图 15 - 16

4. 乒乒乓乓

正手攻球动作代表石头，反手攻球动作代表剪刀，发球抛球动作代表布。两人一组或多人一组进行对决，输的做一组正手攻球练习或完成事先约定的任务。

乒乓球对攻的落点分为左、中、右，分别代表剪刀、石头和布。在练习乒乓球正反手对攻时，当对方的落点在左（剪刀）时，我方必须回球到对方的中间（石头），落到其他位置视为输，接着对方必须回球到右半台，落到其他位置视为输，以此类推。输的做一组专项练习或完成事先约定的任务。此练习可以训练选手的反应速度和落点的精准度。

5.“羽”你同在

上步正手挑球动作代表石头，上步反手挑球动作代表剪刀，跳起扣杀动作代表布。两人一组或多人一组进行对决，输的做羽毛球基本步伐练习或完成事先约定的任务。

6.“篮”精灵

两人一组或多人一组，边拍篮球，边玩基本玩法、手部动作玩法、脸部表情玩法、头部动作玩法，输的一方得到相应的惩罚或完成事先约定的任务。

7. 人生“颠”峰

两人一组或多人一组，边用羽毛球拍或乒乓球拍向上颠球，边玩基本玩法、手部动作玩法、脸部表情玩法、头部动作玩法，输的一方得到相应的惩罚或完成事先约定的任务。

8.“足”疗

两人一组或多人一组，边踩着足球，边玩基本玩法、手部动作玩法、脸部表情玩法，输的一方得到相应的惩罚或完成事先约定的任务。

9. 边跳绳边玩

两人一组或多人一组，边跳绳，边玩其他玩法（脸部表情、头部动作），输的一方得到相应的惩罚或完成事先约定的任务。

三、名称（象形玩法）

1. 人枪虎

人代表石头，枪代表剪刀，老虎代表布。人指挥枪，枪杀老虎，老虎吃人。游戏开始前加入踏步、左右前后开合跳、高抬腿、侧并步、拍掌、下蹲等动作，一听到信号立即做动作，双手持枪动作代表枪，双手叉腰代表人，上举张开同时模仿老虎叫则代表老虎。赢的一方迅速追逐输的一方，输方被追到后需要完成事先约定的任务。

图 15 - 17

2. 蛇鼠象

蛇代表石头，象代表剪刀，鼠代表布，蛇吃鼠，老鼠钻象耳朵，象踩蛇。游戏开始前加入踏步、开合跳、高抬腿、侧并步、拍掌等动作。听到信号后，学生立即做出相应的动物动作来定输赢。输的一方得到相应的惩罚或完成事先约定的任务。

3. 棒虎鸡

棒代表石头，老虎代表剪刀，鸡代表布，棒子可以打老虎，老虎可以吃鸡，鸡可以啄棒。游戏开始前加入踏步、开合跳、高抬腿、侧并步、拍掌等动作。听到信号后，学生立即做出相应的动物动作来定输赢。输的一方得到相应的惩罚或完成事先约定的任务。

4. 猜皇帝

游戏前，选一人为皇帝，定下挑战者需胜出的局数，其他人轮流挑战皇帝，赢了皇帝的成为新皇帝，输的到队尾重新排队。

变化 1：倒转过来，从队尾往前挑战，每赢一个则往前走一步，直到成为皇帝；若猜拳输了则停留不动，让新的队尾再往上挑战。

变化 2：皇帝可以选助手，如“侍卫”“大臣”“丞相”。挑战者要分别击败侍卫、大臣、丞相后才可以与皇帝对猜，这样可以增加游戏的趣味性。

5. 数字拳

五、十、十五、二十，简称五、十、十五，又称十五、二十，通常两个人玩，每个人可出零（双手拳）、五（伸出一只手手掌，另一只手握拳)、十(双手打开)。由一人喊口号，口号共有零、五、十、十五、二十这五种。如果该人的口号恰好是两人所出的手指总和，就获成功。

6. 左一拳右一拳

又名双手猜，为“石头、剪刀、布”的变种，但更讲求策略而不是运气。两人先各自握紧双拳，然后其中一人或者两人一起念出口令，在说口令时分别做出以下动作：左一拳(左手出示想好的手势)，右一拳(右手出示想好的手势)，大家一起收一拳，即从双手中选一只手收回。若收拳时将两拳都收回者，则直接判定为输。

7. 大圣降妖

三个角色造型各异：(1)唐僧—立正，双手胸前合掌；(2)孙悟空—手搭凉棚，做猴状；(3)白骨精—双脚侧开，双手叉腰。其制约关系是：1胜2，2胜3，3胜1。两人PK，先数“1、2、3”，然后做动作，决出输赢。

四、妙用

1. 多边共赢

3人、4人、5人或多人一起玩，赢得多的人为最终获胜者。比如3个人，有两人出布，一人出石头，则出布的赢。

2. 猜拳大赛

全体人员进行“石头、剪刀、布”淘汰赛，赢的继续比赛，输的出局，最终决出冠军。

3. 步步升级

将“石头、剪刀、布”作为游戏的第一阶段，其结果并不直接决定游戏胜负，而是作为下一阶段中玩家所需采取动作的依据。

打手：第一阶段的胜者有权击打败者的手掌(手背)，若击中则获得最终的胜利，而第一阶段败者需及时躲避。

黑白配：第一阶段的胜者需要使自己手指指的方向与败者脸转动的方向(上下左右之一)一致，若成功则获得最终的胜利。

油炸鸡：游戏者需根据第一阶段胜、平、负的结果，做出对应的公鸡、母鸡、小鸡的动作，做错者即失败。

4. 小组合作

提前约定剪刀、石头、布的特定动作，比如屈膝下蹲代表石头，两脚开立、两手臂胸前交叉代表剪刀，两脚开立、两臂侧平举代表布。听到开始口令后，以小组为单位统一摆出代表剪刀、石头、布的特定动作，可两组或多组进行比赛，每组至少两人。

图 15 - 18

5. 听声追拍

全班学生排两横排，事先报好数，喊到相同数字的两人迅速跑到对方面前进行“石头、剪刀、布”游戏，输的学生追赢的学生。如果赢的学生被追到那么会得到相应的处罚。

6. 听声聚合

全班学生排 4 横排，听到教师信号喊多少个人游戏时，则多少个人一起进行“石头、剪刀、布”游戏。输的受相应的处罚或完成一定的任务。此游戏人数不宜超过 5 个。

7. 动物园故事

事先约定好，如猴子代表布，老虎代表剪刀，大象代表石头。所有人围成一圈，游戏组织者开始朗读有关动物园的故事，当朗读内容出现虎时，则所有队员做出剪刀手势，做慢的或做错的受相应的惩罚或完成相应的任务。

8. 鬼影迷踪

这种玩法大致与“石头剪刀布”的玩法一样，不同的是在游戏开始的时候玩家需要不停地变换手势，然后大家一起数 1、2、3，喊停的时候以彼此最后的手势一决胜负。

9. 胖子瘦子

两人一组，配合词做动作：胖子—伸拇指，瘦子—伸小指，3个儿子—伸中间3指，小儿子—伸小指，鼻尖子—指鼻子，刮胡子—做不好闻状，戴帽子—双手放耳朵上。做完动作然后猜拳，输者让胜者刮鼻子。

10. 切鸡

两人一组，配合词做动作：平、平、平—胸前双手交叉3次，切、切、切—双手胸前向下做3次切的动作，我家的、我家的我家切—拍3次手。然后猜拳。赢者拍一次手，双手在头上做鸡冠状说："我家的公鸡、我家的公鸡，我家切。"输者拍一次手，双手置于臀后做摇鸡尾状说："我家的小鸡、我家的小鸡，我家切。"如果打平，那么两人则将双手放在两侧做展翅状共同说："我家的母鸡、我家的母鸡，我家切。"

11. 你吃我吃

两人猜拳，赢者说："你吃我吃。"输者说："我吃你吃。"连续猜拳，不能说错台词，逐渐加快速度，直至一方念错。

12. 相同挨打

两人猜拳，赢者双手握拳，放在额头、鼻子、下巴、耳朵等处，输者动作不能与胜者一致。若做错，需伸出手让对方轻打一下。

13. 金鸡独立

每人一张报纸，两人同时站在报纸上猜拳，输的一方将报纸折半再站上去，看两人谁能撑得更久。

14. 手忙脚乱

在地上画好25个格子，从第一格开始，依序标上数字，两组各派一人站在格子上猜拳。赢的一组可指定另一组将某只手或某只脚摆在某个数字上。

15. 改变节奏

在以上玩法前面都加一些节奏，例如456、嘟嘟嘟、碰碰碰、下下下、哈哈哈，然后再加玩法。

16. 猜拳指人

两个人 PK，可以用 8 拍来表示：双手拍腿两下（2 拍）、双手拍手两下（2 拍）、猜拳一次（2 拍）、做反应动作（2 拍）。反应动作有 3 种：赢者双手握拳，拇指指向自己并高喊："我厉害。"输者双手握拳，拇指指向对方，高喊："你厉害。"双方平手则分别双手握拳，拇指指向左右两侧，同时说："谁厉害?"

变化 1：加上 4 拍子的歌曲进行唱跳。

变化 2：前 6 拍动作相同，最后两拍改为两人上下击掌两次，赢者在上，输者在下，如果两人平手那么两人击掌两次。

变化 3：赢者双手握拳，用小指指向对方并大喊："你输了。"输者双手握拳，用小指指向自己并大喊："我输了。"当双方平手时分别左右手握拳，小指指向左右两侧，同时说："谁输了?"

变化 4：输者为赢者服务，例如捏两下肩、捶两下背，等等。

17. 导弹雷达人

全体学生分成人数相等的两队，横排相对而站，相距 10 米，各选一名队长站于排头。游戏开始前，教师向全体学生说明："共有导弹、雷达和人 3 种动作名称。导弹可以炸死人，人可以操作雷达，雷达可以捕捉导弹。各队任选一样，鸣笛后以动作表示出来，以决胜负。两手握拳、两臂前上举为导弹，直立不动为人，两臂张开向前斜举、左腿前屈、右腿下跪为雷达。"各队由队长率领退至较远处，商议决定本队所要做出的动作，依次附耳向下传递命令。游戏开始，教师鸣笛后，各队队员同时按事先约定好的做出动作，以决胜负。游戏可以进行多次，最后得分多的队获胜。

注意：各队附耳传话或协商时要低声，莫让对方窃听去；在一队队员中，若有人做错动作，则算全队失败；为了不出错，各队可事先由队长带领练习。

第十六章　噼里啪啦学问大

拍　手

抛出一颗心，换来无限情；伸出两只手，拍出一片天。鼓掌是对别人和自己的鼓励！

基本玩法

鼓掌、击掌、手指相碰都可以叫拍手，可单人或多人进行游戏。在一定规则的约束下，改变拍击方法，可以拓展出形式多样的拍手游戏。

游戏价值

拍手游戏不受场地、环境、人数等因素限制。拍手游戏可锻炼学生的反应能力、注意力、团队合作能力等，增强学生的集体荣誉感。在体育课堂中，拍手可作为教师吸引学生注意力的手段和热身、放松的方式。因此，在体育课堂中良好地运用拍手游戏会有意想不到的收获。

体育课上，教师的哨音有时特别刺耳，有的学生一看到教师要吹哨，马上捂耳朵。其实，体育课上未必非得用哨子，尤其是当哨音成了噪声影响学生的情绪时，就更加不必用哨子。此时，我们不妨用掌声。

当教师需要召集学生时，可以有节奏地边拍手边做靠拢的手势。当学生靠拢时，教师可以竖起大拇指，点头表示肯定。经常这样做，学生就会习惯这种方式，教师也就可以不再使用哨子了。

在各类学习活动中，都会存在活泼的学生爱“发言”、做小动作、开小差、打闹等情况。“啪、啪”两声提示性掌声，既是提醒，又是善意地“批评”。这样可以保护学生的自尊心，体现教师的宽容和大度。用掌声“批评”，学生更易接受。掌声“批评”既不抑制学生的个性发展，又可使师生关系融洽，事半功倍，比点名批评效果更好。

游戏变化

一、击掌方法

1. High five：两人单手举起击一次掌。

2. Low five：两人单手低位击掌。

3. Long distance five：因距离太远，两人单手举起，隔空击掌。

4. Self five：因完成一件事情太高兴，无人与自己击掌，自己可以双手击掌。

5. Multi five：一人连续地与多人击掌，或是一人站中间，双手举起，与两边的人单手击掌。

6. Spiritual five：一个人连续击掌，像有人与自己击掌一样。

7. Epic five：两人复杂、多样、默契地击掌。

8. Awkward fist five：两人相遇，不知道以哪种方式击掌，尴尬地击了一下掌。

二、拍手方式

1. 手指紧密式：五指并拢。
2. 手指分开式：五指分开。
3. “C”手响亮式：手背拱起，双手交错击掌。
4. 手背式：手背交错相击。
5. 手掌阴阳式：手指碰掌跟。
6. 手指集体指“下”式：指尖向下，双手合十击掌。
7. 手腕紧密式：掌跟靠拢，双手击掌。
8. 手腕紧密手指舞动式：掌跟靠拢，五指张开，手指击手指。
9. 手指打手掌式。
10. 手掌打手掌式。
11. 手指打手指式：食指交错相击。
12. 手指在手掌跳舞式：左手不动，右手手指像按键盘一样敲击左手手掌。
13. 手指很软式：双手相击，松开时手指自然弯曲。
14. 拳头打拳头式：拳面碰拳面。
15. 指甲和指甲相逢式：双手指甲相碰。
16. 手腕和手指相逢、手掌却孤苦伶仃式：手腕碰手腕，指甲碰指甲。
17. 手掌永远单身式：手指并拢相击，掌心不接触。
18. 打手臂式：一只手手掌击打另一只手小手臂。
19. 不用拍手都有掌声式：明星入场招手式。
20. 手指相爱、手腕互相残杀式：十指交叉，掌跟连续击打。

21. 手握拳，用掌跟部位相击。

三、掌声与欢呼

1. 山呼般的掌声

边鼓掌，边高喊：“好！好！”

2. 加油手势

先拍掌两次，然后双手于胸前竖起大拇指，再拍掌两次接双拳紧握有力上举，口号：“我要加油，我要努力！我想成功，我能成功！”连续3次，一次比一次快，一次比一次有力。

3. 集中注意力

教师面对嘈杂环境时，拍手示意安静，引导学生安静下来，集中学生注意力。

4. 拍手仪式

集体齐拍手。节奏是：×××，×××，×××，×。连续拍3遍。

5. 酋长般的掌声

拍两下桌子，鼓两下掌，逐渐加快速度：咚咚，啪啪，咚咚，啪啪。

图 16 - 1

6. 暴风雨般的掌声

用力鼓掌即可。

7. 潮水般的掌声

掌声由强渐弱，再由弱渐强（通常有一指挥者做涨潮落潮的手势）。

8. 打响指

双手打响指，打两响，拍 3 下掌。节奏是乒乒、啪啪啪。

9. 带掌声欢呼

头不停地左右摇晃，同时，左掌在下，右掌在上，双掌相向，置于胸前，连续鼓掌，并发出“哦——”的呼喊声。

10. 龙的呼唤

一起喊：“1、2、3、4 嘿，1、2、3、4 嘿，1、2、3、4、1、2、3、4 嘿嘿嘿。”喊“1、2、3、4”的时候双手鼓掌 4 下，喊“嘿”的时候用力握拳。

11. 英雄出场

先鼓掌 3 下，接着高喊：“嘿!”同时两臂用力向上张开成 V 形，通常连续做 3 遍。

图 16 - 2

四、信号

1. 加伴奏

教师播放不同节奏的音乐，学生听音乐做出相应的拍手与跺脚的动作，培养听音乐击掌的节奏感，提高学习兴趣。在学生熟练后可加快或减慢播放速度，例如 2/4 拍的《小鸡舞》《找朋友》《小螺号》，3/4 拍的《新年好》《小白船》《我们大家跳起来》，4/4 拍的《种太阳》《两只老虎》《虫儿飞》，等等。

2. 全拍到

学生排成4列横队，前后左右各相距1米。教师领做，在胸前、背后、头上、脑后、腿前、腿后、胯下、左肩、右肩等位置击掌，再加上弓步、后撤步、左右转身、跳步、前踢腿、后踢腿、高抬腿等动作。待学生熟悉之后，教师用手势指挥学生做动作。

3. 速反应

教师发出指令，学生拍手回应。“1”代表拍一个3拍的手部动作；“2”代表拍两个3拍的手部动作；“3”代表拍3个3拍的手部动作；“4”代表拍4个3拍的手部动作。分组练习，看哪一组拍得最整齐。教师应指挥学生做出各个方向的拍手动作，使学生肌肉黏滞性降低，充分活动身体各个关节。

3. 听词拍

节奏1：

A. 哔 嘣 哔 嘣 哔哩 哔哩 嘣 哔哩 嘣 哔哩 哔哩 嘣 哔 嘣

B. 哔 嘣 哔 嘣 哔哩 哔哩 嘣 哔哩 嘣 哔哩 哔哩 嘣 哔 嘣

C. 哔 嘣 哔哩 哔哩 嘣 哔哩 嘣 哔哩 哔哩 嘣 哔 嘣

D. 哔 嘣 哔哩 哔哩 嘣 哔哩 嘣 哔哩 哔哩 嘣 哔 嘣

拍手动作：“哔”的动作是双手拍掌一次；“嘣”的动作是双手各打响指一次；“哔哩”的动作是双手拍大腿一次。

节奏2：

土豆，土豆，丝丝；土豆，土豆，片片；土豆丝，土豆片；土豆土豆丝片。

拍手动作：“土豆”的动作是两人各自握拳，掌根相碰；“丝”的动作是两人手掌心相拍；“片”的动作是两人手掌背相拍。

游戏方式：3人或多人围成一个圆圈进行游戏，先出错的被淘汰出局，最后一位为赢家。

4. 遇3拍

从1开始报数，遇到带3的倍数拍1次手，遇到带3的数拍2次手，既带 3 又是 3 的倍数的拍 3 次手，循环报下去，谁出错谁输。也可以灵活变化，用不同的数字。

5. 反着做

教师发出方位指令，学生在相反的方位做出拍手动作。比如教师说“上”，学生就需要在下方拍手。如果教师说“下”，学生就需要在上方拍手，以此类推。

升级：可以在游戏中加入其他动作，如原地踏步、前后交叉步、鬼步舞，配上经典神曲《小苹果》《最炫民族风》等效果更好。

6. 大小雨

首先教会学生 4 个动作：

小雨—用 1—2 根手指相击；

中雨—双手连续拍双膝；

大雨—使劲拍手掌；

暴雨—双脚拼命跺地板。

教师给出“小雨”“中雨”“大雨”“暴雨”的指令，学生做相应的动作。教师若能引导学生发出相应的声音效果则更好。

五、节奏

1. 两组轮奏

全体学生均分成两组，一组拍节奏 1，另一组拍节奏 2，依次循环，看谁先出错。节奏 1 是“嘣—恰恰—恰恰”，节奏 2 是“恰恰—恰恰—嘣”。“嘣”的动作是跺地板一次，“恰恰”的动作是拍掌两次。

2. 三组合奏

全体学生均分成 3 组，一组拍节奏 1，二组拍节奏 2，三组拍节奏 3，然后 3 组合奏。

节奏 1=1　　2　　3　　4。

节奏 2=1 2 3 4 1 2 3 4。

节奏 3=123 123 1234567。

3. 准备活动

方法：

A. 头头拍拍/肩肩拍拍/头拍肩拍/头肩拍拍/

B. 大拇指 大拇指 拍拍/小拇指 小拇指 拍拍/大拇指 拍 小拇指 拍/大拇指 小拇指 拍拍/

C. 左腰 左腰 拍拍/右腰 右腰 拍拍/左腰 拍 右腰 拍/左腰 右腰 拍拍/

D. 左边扭扭 拍拍/右边扭扭 拍拍/左边扭扭 拍 右边扭扭 拍/左边扭扭 右边扭扭 拍拍/

根据节奏快慢，调整拍手节奏。

4. 我们是最棒的

全体密集队形，喊“1”＋拍 1 次手；喊“2”＋拍 2 次手；喊“3”＋拍 3 次手；喊“4”＋拍 4 次手；喊“5”＋拍 5 次手；喊“6”＋拍 6 次手。节奏是：×，××，×××，××××，×××××，××××××。要求声音大、动作齐，让人能感受到凝聚的力量。学生练熟之后把“1、2、3、4、5”换成“我是最棒的”，把“1、2、3、4、5、6”换成“我们是最棒的”，最后所有人一起跳起来，高喊：“加油，加油!”并高举拳头。

5. 双人游戏

口令：“L-O-C-K，lock，嘭嘭恰，嘭嘭恰恰，嘭嘭恰，嘭嘭恰恰。”“嘭嘭恰”的动作是双手拍掌两次，猜拳一次。赢的人双手举高，手心朝前；输的人双手向下，手背朝前；打平时，两手背互碰。“嘭嘭恰恰”的动作是：赢者手向上举，输者手向下，平局两者手背相碰。

图 16 - 3

6. 左右逢源

四路纵队（亦可四列横队），第一、二列和第三、四列面对面站立，前后左右相距 1 米左右。伴着节奏，大家和前、左、右的同学相互击掌。如果再加上跺脚、踢腿和不断变化的动作、节奏，就能奏出美妙的音乐。此项活动可当准备活动，也可以放在课中调节气氛，引起学生的兴趣，集中学生注意力。

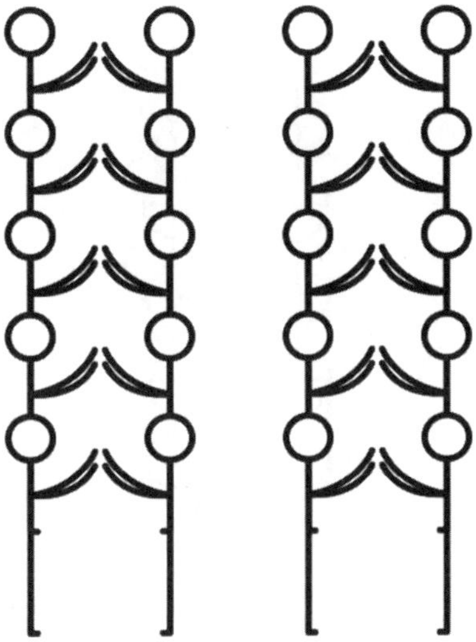

图 16 - 4

7. 交响乐团

利用拍手的轻重缓急，结合拍击身体的不同部位发出的声音组成一曲交响乐。教师先进行引导，再让学生自由发挥。这个活动能让学生在身体得到充分活动的同时，得到美的享受。

8. 9 人齐拍

场景设置：一张长桌，一人坐在 C 位（中心位），其余 8 人两两相对而坐。

C 位连续拍打桌面，7 次为一个循环，拍完第一个 7 次后，其余人两两依次接力，如此做 5 个循环。

齐拍一次，击掌一次，拍桌一次，左手贴桌，右手拍左手背一次，右手打响指一次；

拍桌两次，击掌一次，拍桌一次，左手贴桌，右手拍左手背一次，右手打响指一次；

拍桌两次，击掌一次，左手贴桌，右手拍左手背一次，左手贴桌，右手拍桌一次，右手贴桌，左手拍桌一次；

拍桌两次，击掌一次，拍桌一次，左手贴桌面不动，右手拍左手背一次，打响指一次，结束。

注：没标明左右手的情况均为双手。

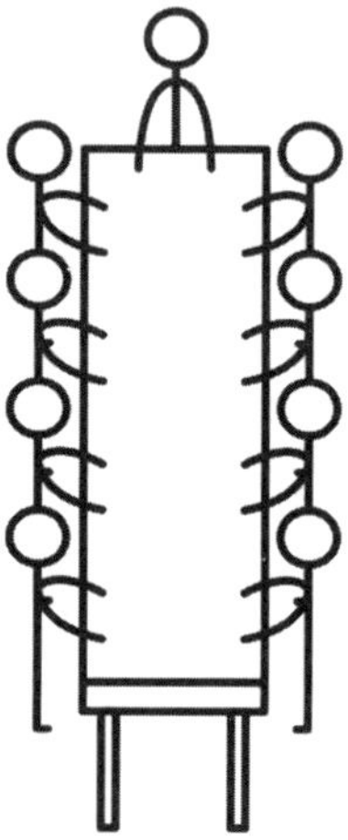

图 16 - 5

六、规则

1. 多人拍手

人人间距半臂，围成圆，单膝跪地，手臂交叉，手掌拍地接力。由中间人开始，用左手（或右手）拍地一次，接力者是该手同（左边或右边）方位的人；中间人拍地两次，接力者是该手的反方位的人。拍错的人被淘汰（将手掌放在背后），直到游戏结束。

图 16 - 6

2. 拍手传递

3 人及以上参加，间距 20 厘米，围坐在一起，手掌心向上，右手放旁边人左手心上。指定一个人开始游戏，他要用右手去打别人的左手掌，如果旁边人的左手掌被打到就被淘汰，没打到则依次接力下去。

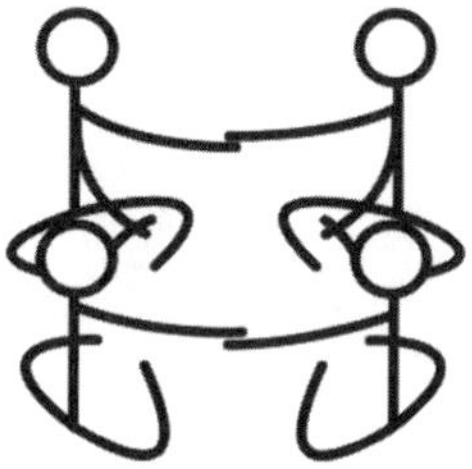

图 16 - 7

3. 拍手拍桌

一人领队，其他人跟做。拍掌一次，右手拍桌，左手拍桌，右手再拍，拍掌一次，右手拿起纸杯敲桌一次，双手拍掌两次，右手拍桌，左手拍桌，右手再拍，拍掌一次，右手拿起纸杯敲桌子一次。

4. 计时拍手

多人围成圈，双膝跪于地板上，手掌平放在地面上。先左后右依次拍地，挑战最短用时。

5. 打手游戏

A、B 两人一组，其中 A 攻 B 守，A 打 B 手，B 躲。一个攻防后，速换角色，连续进行，9 局 5 胜。

变化：只能一只手进攻，击打一次或躲避一次，禁止有多余动作。

图 16 - 8

6. 123

数“1”时胸前击掌，数“2”时双手举起，数“3”时双手拍大腿。

变化 1：两人一组，数 1—2—3 数字接龙，依次循环，且要做出动作，出错则接受惩罚。

变化 2：同上，逢 1 击掌不出声，逢 2、逢 3 发声但不做动作。

变化 3：同上，逢 1 击掌不出声，逢 2 举双手不出声，逢 3 发声但不做动作。

变化 4：逢 1 击掌不出声，逢 2 举双手不出声，逢 3 双手拍大腿不出声。

7. 背对背上下左右

A、B 两人一组，相距一臂距离背向站立，两脚与肩同宽。游戏开始后，二人分别在头顶、胯下、左侧（以 A 为准）、右侧（以 A 为准）击掌 4 次。

图 16 - 9

8. 面对面

A、B 两人一组，约一臂距离相对站立，拍手顺序：右手—左手—双手—双手掌背。

变化 1：胸前拍一次，右击掌；胸前拍一次，左击掌；胸前拍一次，双手击掌。依次循环，看谁先出错。

变化 2：第一次，胸前拍一次，右击掌，胸前拍一次，左击掌，胸前拍一次，双手击掌；第二次，胸前拍一次，右击掌，胸前拍一次，右击掌，胸前拍一次，左击掌，胸前拍一次，左击掌，胸前拍一次，双手击掌，胸前拍一次，双手击掌；第三次……每次增加一次拍手，看谁先出错。

变化 3：两个人一起左拍左，右拍右，左右掌心拍，左右掌背拍。第一次 4 个动作各拍一次，以后每次+1。一直拍到有人出错决出胜负为止。

七、+音乐

1.《当我们同在一起》1

两人一组，唱歌拍手。两人握右手，在右手下握左手，松右手，拍右大腿一次，右手打响指一次，握左手，右手掌心、手背各击掌一次，松左手，双手合十。

左掌背、右掌背各拍一次，左掌背贴一起，自己击掌一次，两人右手在左手正上方击掌一次，自己击掌一次，右手在左手正下方击掌一次，两人左手背分离，右手相握。

2.《当我们同在一起》2

节奏：

当/我/们/同/在/一/起/，在/一/起/，在/一/起/

当/我/们/同/在/一/起/，其/快/乐/无/比/

你/对着/我/笑/嘻/嘻/，我/对着/你/笑/哈/哈/

当/我/们/同/在/一/起/，其/快/乐/无/比/

方式：所有人围成一个大圆，左手掌心朝上，右手掌心朝下并放在隔壁队友的左手掌心上面。拍掌顺序是先拍隔壁队友的左手掌心，再拍自己的右腿、左腿、左手。

3. 音乐：*We will rock you*

方法：将双手放于左肩处；

跟节奏击掌两次，左手竖起一根手指，右手自然放下；

跟节奏击掌两次，左手竖起两根手指，右手自然放下；

跟节奏击掌两次，左手竖起三根手指，右手自然放下；

跟节奏击掌两次，双手竖起四根手指，右手自然放下；

跟节奏击掌两次，左手拇指、食指竖起向前（八字形），右手叉腰，双手于胸前先交叉拍肩一次，再不交叉拍肩一次，双手拇指、食指向前竖起（八字形）；

右手叉腰，同时左手拇指、食指竖起向上点两下（八字形），随后分别点左右肩各一次，左手拇指、食指竖起向前（八字形）；

双手拇指、食指竖起向前（八字形）点两下；双手拇指、食指竖起（八字形），指向头顶（八字形）；

左手拇指、食指竖起向前（八字形），右手自然放下。

4. 音乐：*Send my love*

方法：两人一组；

个人胸前击掌一次，两人右手互击一次，个人胸前击掌一次，两人左手互击一次；

个人胸前击掌两次，两人左右手手背互击两次，两人手掌互击一次；

个人胸前击掌一次，两人右手互击一次握住，左手击掌一次握住；

个人右手拍大腿一次，右手击掌一次，手背互击一次；

个人左右手上下各击掌一次，两人击掌一次，依次重复。

5. 拍手跺脚

音乐：《头儿肩膀膝脚趾》

人数：共 6 人，两人一组，双手大臂和小臂约 90°弯曲举起。

方法：

跺右脚一次，跺左脚一次，双手打响指一次，依次循环；

前两个人先重复两次，另外两个人接力，4 人同时进行，重复两次，最后两个人接力，6 人重复进行；

音乐起，6 人站起，跺左脚一次，击掌两次，跺右脚一次，击掌两次，依次循环。

6. 音乐节拍

在左肩上方击掌两次，在右肩上方击掌两次，在右肩处掌根相靠左右旋转两次；

在右肩上方击掌两次，在左肩上方击掌两次，在左肩处掌根相靠左右旋转两次；

左右手胸前掌心向下，指尖相碰，做两次波浪，胸前击掌一次；

胸前手交叉拍肩一次，不交叉拍肩一次；

胸前双手画双圆，右手自然放下，左手拇指、食指变八字形指向前方。

7. 拍手舞

歌曲 1：*Hand clap*

动作：左脚向左迈一步，右脚靠向左脚并拍掌一次，右脚向右迈一步，左脚靠向右脚并拍掌一次。两个 8 拍循环动作，到“哒”的节拍才拍掌。

歌词：I can make your hands clap　　　　左肩上方拍掌 5 次

Said I can make your hands clap	右肩上方拍掌 5 次
That I can make your hands clap	头顶上方拍掌 2 次
So can I get a hand clap?	头顶上方拍掌 1 次

空两个 8 拍做拍手动作（无歌词）

节拍：空　哒　空　哒　空　哒　空　哒

　　　空　哒　空　哒　空　哒　空　哒

歌曲 2：《感到幸福你就拍拍手》

学生根据歌曲旋律跳舞蹈，当出现“感到幸福你就拍拍手”的歌词时，双手拍掌 4 次。当歌曲进入高潮的“感到幸福你就拍拍手”的歌词时，双手先拍大腿，再拍掌，各 4 次。

歌曲 3：*Bang Bang Bang*

拍手动作：双手上举，在头顶上方拍 12 次，在左侧和右侧的上方各拍 6 次。

八、招呼

1. 两人相对站立，手掌向前，手臂 90°弯曲；左手击掌 1 次，右手击掌 1 次，手背相击 1 次，手掌相击 1 次，拳面相碰 1 次，双手合十于额头鞠躬 1 次。

图 16 - 10

2. 两人相对站立，相距约一臂距离。右手击掌并拥抱，双手合十鞠躬一次，左手或右手迅速握拳，另一手五指张开，握拳手连续拍打各自手掌两次。

3. 两人右手五指并拢，指尖向前击掌一次；左手以相同方式击掌一次；右手重复一次；两人右手手背相击一次，并握拳；学生拳在上，教师拳在下，相击一次；教师拳在上，学生拳在下相击一次；两人右手相握，来回拉两次，互相拥抱。

图 16 - 11

4. 两人出右手，以掰手腕方式相握；手不松，两人右侧胯部相碰一次，左侧胯部相碰一次；松开手，原地手臂举起跳两次；两人手掌相击一次，接各自胸前击掌一次，再接手背相击一次，然后拥抱。

5. 两人右手握拳，先右肘相碰一次，再左肘相碰一次；教师右拳在上，学生右拳在下，相击一次；学生右拳在上，教师右拳在下，相击一次；两人右拳拳面相碰一次，拥抱。

6. 两人手掌击掌一次，手背相击一次，手掌击掌一次；右边拥抱一次，左边拥抱一次。

7. 两人右手五指并拢指尖向前，击掌一次；右手握拳，上下、下上各击一次；右手相握，下拉一次；松手，做一个同向闪电造型，然后拥抱。

8. 两人右手肘相击两次；小臂贴一起，手背相击一次，手掌相击一次；两人双手同时握拳，相击一次，然后拥抱。

9. 右掌心贴住左手，左掌心贴住右手，两手交叉相握，拉近拥抱一次。

参考文献

［1］卢元镇. 体育社会学［M］. 北京：高等教育出版社，2010：202—203.

［2］张烨. 拓展体育游戏的妙招［J］. 中国学校体育，2017（10）：43.

［3］庄于爵. 对传统游戏“喊数抱团”的创编与改造［J］. 体育教学，2018，38（3）：37—38.

［4］袁志欢. 传统体育游戏的实用价值分析与拓展策略举隅［J］. 中国学校体育，2017（10）：41—43.

［5］潘绍伟. 只有将游戏还给学生，体育教学才能更美好［J］. 中国学校体育，2018（1）：89—91.

［6］宋清华. 从“烧饼煳了”谈体育游戏的合理运用［J］. 田径，2018（12）：61—62.

［7］彭智涛. 百变金刚：贴烧饼［J］. 体育教学，2009，29（6）：67.

［8］吕建峰. 贴烧饼游戏的几种做法及效果介绍［J］. 中国学校体育，2007（2）：49—50.

［9］施利娟，曾宪阳. 在变化中做各种“抢占位置”游戏的探索［J］. 中国学校体育，2017（12）：85—87.

［10］刘季武，伍爱萍. 传统游戏在教学中的演化与改进［J］. 体育教学，2017，37（10）：74.

［11］王欢，严文刚. 美国青少年户外传统体育游戏发展的特征与启示：以美国香槟厄巴纳市的实证调查为例［J］. 体育研究与教育，2019，34（1）：14—17.

［12］沈献东，范郑佳. 融合“技术＋体能”学练，促使学生技能与体能双提升［J］. 中国学校体育，2017（11）：72.

［13］吴昊. 体育本质：源于游戏归于教育［N］. 中国体育报，2019-

09-23（7）.

［14］陈婉娜，黄金升，叶海辉. 萝卜蹲游戏之拓展［J］. 体育教学，2019，39（2）：84—85.

［15］党林秀，朱绮. “水果蹲”“剪刀、石头、布”两则游戏之改编［J］. 运动，2012（17）：57—58.

［16］科赛尔，海克尔. 玩的艺术：德国中小学体育课练习及游戏［M］. 丁鹏，译. 北京：北京体育大学出版社，1999.

［17］尹军，郑亚平，董琦. 趣味田径游戏：理论与方法［M］. 北京：北京体育大学出版社，2006.

［18］桂景星. 童军嘉年华［M］. 台北：八正文化有限公司，2007.

［19］茨木惇辅. 学校体育游戏大全［M］. 乐云，译. 杭州：浙江科学技术出版社，2010.

［20］李尚之，汤超颖. 创新思维的训练手册：脑体操［M］. 北京：清华大学出版社，2017.